もっともっと
キレイになれるよ

You can be a beautiful woman more and more.

藤原光平 Kohei Fujiwara

SEIKO SHOBO

【装幀】——田中 望

はじめに

「女性は生きた芸術作品である」、文豪ゲーテのこの言葉と、華やかな化粧品各社の広告にあこがれて、私がハリウッド化粧品に入社したのは１９７１年のことだ。それ以来、多くの女性たちと仕事をしてきた。自社・他社の美容部員、化粧品ショップや美容室のオーナー、ヘアデザイナー、女性誌の編集者、化粧品開発の研究スタッフ、その誰もがパワフルで常にステップアップしようとしていた。年齢、容姿に関係なく、とても素敵で魅力的に見えた。

そこで私は気がついた。生きていく姿勢が女性の美しさを左右する、つまり、気持ちのもち方を少し変えてみるだけで、〈もっともっとキレイになれる〉。私はいつのまにか、この事実を多くの女性たちに訴えたいと思うようになった。

そんなおり、私を襲った病魔は視力を徐々に奪っていった。目が見えなくなるにつれ、残されたわずかな視力でペンを執《と》ることを決心した。

本書を読んでいただいたあなた、きっと参考になることがあるはず。もっと綺麗になるために、今すぐ実行してみてはいかがだろう。

藤原光平

まずは心から美しくする……Ⅰ章

感性を磨く――美を手に入れる前提づくり……Ⅱ章

III章……美しいボディはかならずつくれる

スキンケア——自分だけのノウハウをつくる……Ⅳ章

メイクアップ——自分を演出するマジック……Ⅴ章

Ⅵ章……化粧品開発者、とっておきの話

Ⅰ章
まずは心から美しくする

美しくなる、そう思うことがとても大切

「女性の本当の美しさとは何か」とよく言われるが、けっして難しいことではない。それは、その人の「バランス」なのだ。例えば、容姿がよくて、ファッションも流行の服を身につけている女性。でも、何かが違う——ただ見た目がきれいなだけ、という女性。反対に、自分の容姿にはあまり興味があるように見えず、でも知識が豊富で周囲の評価が高く、人格者でもある女性。

どちらのタイプもけっして悪いとは思わない。だが、ちょっと違う。「バランス」が悪いのだ。両者を合わせたら、きっとすごくよくなるにちがいない。かなり素敵な人になるだろう。

読者のなかには「そんなこと当たり前」「そうなりたくても、なかなかなれないから苦

労してるんじゃない」とお思いになる方もいることだろう。

でも、待って。今まで心の底から「もっときれいに」「もっと素敵な女性になりたい」と思い、また「なれる」と信じていただろうか。ましてや、誰もが限りなく美しくなれるなんて、ほとんどの女性は思ってはいないものだ。ほんの少しだけメイクやヘアスタイルを変え、ダイエットで多少はレヴェルアップするくらいだろうと思っているのではないだろうか。しかし、そんな悲観したものではないのだ。

タレントや女優、芸能人は確かにきれいだ。だが、最初からそんなにきれいだったわけではなく、見た目にきれいになることが仕事なのだから、よりきれいになるための努力、考えられるすべての努力をしたのである。デビューする前はみな、普通の女の子なのである。高級エステに通い、体を磨いているのは大女優クラスの人たちだけだ。ただ違う点は、デビューにこぎつけた人は、他人より気持ちがちょっと優《まさ》っていただけだと思う。

芸能人はデビュー前に多くのトレーニングを課せられるが、そのなかのひとつにプロポーションづくりがある。当然、生まれながらにプロポーションのよい人もいるが、そんな人ばかりではない。だからといって、エステへ通いつめて痩身《そうしん》をめざすなんてことはほとんどない。

では何をするのか。それは、毎日、数時間のストレッチトレーニングである。その結果、きれいな脚、丸いヒップ、くびれたウエスト、形のよいバストができあがるというわけなのである。

しかし、彼女らはボディや顔だけがよくても、ボーっとしてはいられない。売りこみもしなければならないし、売れたら売れたで今までに経験したことのないような仕事をこなしていかなくてはならない。そして、そのために「勉強」もしなくてはならない。頭も使う。いやなことも困難も、短期間に一般の女性より数多く経験することになるのである。するると、自然と心も体も磨かれていく。

だから、芸能界である程度売れて、地位を築いた人たちはみな、いい顔をしているし、とてもきれいだ。もちろん芸能人のみならず、他の業界でも同じことが言える。もう少し違う例をあげてみよう。

小学校の同級生で、とてもきれいで可愛いかった女の子が、年頃になって久しぶりに再会してみると、当時のような可愛さはなく、普通の女性になっていたという話をよく聞く。逆に、目立たない子が年頃になると、目を見張るほどきれいになっていたりもする。

これはもちろん、たまたまの出来事ではない。大人《おとな》になってきれいになった子が、きれいになるために意識的に努力したからだとか、可愛かった子が努力しなかったから、というのではない（もちろんそのようなことを全否定はできないけれども）。

ここでひとつ言えることは、子供から思春期の過ごし方、生き方が、バランスのとれたものだったのかどうかということなのである。それは、その時期に、ある程度、勉学に励《はげ》み、大人になるための常識や知識、知恵を身につけ、人びととのかかわりや交流にまじめに取り組んできたか――ここで違いが生まれてくるのである。

その過程で、当然、大量の情報や誘惑が振りかかる。それらを自分なりに判断し、取り入れていくうちに感性が形成されていくのだ。だから、身辺の環境、家族、友人からの影響が大きいのは当然だ。要するに、日常的な生活のなかで、もっときれいに美しく生きるということは、自分の気持ち、行動によってどうにでもなるということなのだ。だから――「自分はどこまでも美しくなれるし、きっと美しくなるんだ」――と強く思うことがスタートなのである。

仕事、勉強、自分なりにがんばろう

女性である前に人としてやるべきことをする――。当たり前のことだけど、再確認の意味で自己チェックしてもらいたい。

仕事はとりあえず、ほどほどにやっている、勉強はほとんど嫌い、でもメイクのテクニックや最新ファッションは誰にも負けない――これではいただけない。表面をいくら着飾っても、やることをやっていない人は中身のなさ、からっぽさが表に出てしまうのである。それに第一、そんな生活はアンバランスだし、いつまでも続かないものだ。

人間には権利とともに義務があって、どんな人も義務を果たさなければならない。学生だったら、勉強。社会人、仕事を持っている人なら、仕事。結婚している人なら子育てや家庭を豊かにすること。なんにしろ、今、目の前にある、やるべき義務というものをきちんとやることが、めぐりめぐって自分のためになる。仮に、今の仕事に不満があるなら、仕事を替えればいいし、勉強したくないなら、学校をやめて働くなり別の道を探せばいい。それができないのなら、不満や文句があっても積極的にポジティヴに頑張ることだ。そして、今、自分の目の前のことを努力することが「自分」のレヴェルアップの基礎をつくり、間接的で小さいけれども社会のためにもなっていく。

人は自分のためだけには生きられない。人としての義務を果たすことが、自分の心と体を磨いていく前提条件というわけである。

いつでも男を意識しよう

月並みな言い方だけれども、「恋をしているときれいになる」とよく言われる。では、恋人や夫のいる女性は別として、恋人募集中の人はどうすればいいのだろうか。それに、恋の対象となる「いい男」がなかなかいない、軽い気持ちでつきあう程度の相手はけっこういるのだけれど、という人はどうすればいいのか?

もちろん、恋をするのがベストだ。あえて言わなくても、誰もがその見えざるメカニズムは知っていると思う。それではどうするか。それが「男を意識する」ということだ。けっして安売りはいけないけれど、「友人ではない男」の存在はあったほうがいい。

男から見ても、潤《うるお》いがない女性はすぐわかる。仕事もできるし、けっこう美人だから隙《すき》がない、隙がなさすぎて恋人ができない、自分では恋人募集中と宣言してはいても、結局プライドが高すぎて男を拒んでいる結果になるようなタイプ。そんな人はどこか潤いがなく、殺伐《さつばつ》とした雰囲気《ふんいき》を身にまとうことになる。誰だって、好きでもない男とつきあいたくはないし、その必要もない。そこで、もっと男を意識しよう、と言いたいのである。

いつも男を意識していれば、新しい出会い、発見の可能性がある。世界が広がってくる。そして、既婚者は夫に対し、もう一度、男を意識しよう。その結果、自分が女らしくなれるし、潤いが出てくる。

何のためにきれいになりたいのか、言うまでもなく自分のためなのだけれど、それはつねに男という存在と無関係ではない。それを積極的に認めよう。


以上、この３つのポイントはどれかひとつが欠けてもダメなものだ。どれもわかりきっていることかもしれないけれども、３つはそれぞれが関係のないものではなく、３つでひとつの基礎的条件――「美容のファンダメンタルズ」――なのである、本編を読む前に、そしてきれいになるためのテクニックを考える前に、自分でもう一度、この３つを確認しておこう。

好感度ってなんだろう

美しさの要素のなかに「好感度」がある。好感度をつくる要因はいろいろあるものの、もっとも大切なのは気持ちのもち方である。

簡単にそうは言っても、「日常生活は嫌《いや》なことやうまくいかないことも多くて大変なのに……」と思うかもしれない。でもいくらプロポーションや顔形が整っていても、気持ちのもち方に問題があると、顔の表情にあらわれてしまう。きれいだった子がブスに転落してしまうなんてことはよくある話であろう。

では、どんな気持ちのもちようがよいかというと、それは「ありがとう」という「感謝の気持ち」である。そう、誰もがもっている自然な気持ちなのである。

でも、本当にわかっているのか——。まさか、「まわりこそもっと私に感謝してほしいわよ」と言う人はいないだろうが、「感謝するようなことがあれば感謝してるわ」とか「小さなことにもよく感謝できていると言われているわ」と読者のなかには思う方がいるかもしれない。もちろん、それも感謝する気持ちのひとつだけれど、ここで言いたいことはもっと基本的な気持ちのことである。

例えば、ここに26歳のOLがいるとしようか。彼女はプロポーションもいいし、顔もきれい。外語大を出ている才媛《さいえん》である。地方から都会に出て、ひとり暮らし。長続きはしないが、いつも恋人はいる。はたから見れば恵まれているばかりだし、同性から見ても羨《うらや》ましいと言うに尽きる存在。

でも、その彼女、精神的にはぼろぼろで、恋人の前では甘えが度を過ぎて、錯乱気味《さくらんぎみ》になってしまう。恋人さえも彼女のさみしさ、心の隙間を埋めることはできない。その結果、肌はカサカサ、顔の表情は夜叉《やしゃ》のような気配さえ感じさせ、険《けん》がただよう。それを隠そうとメイクは濃くなり、服装も変に派手になっていく。きれいだったのに、なんでだろうと周囲も本人も思う。彼女の心の痛みをわかってあげる人がまわりにいなかったのかもしれないが、彼女のさみしさ、不安を取り除くことはできなかったのだろうか。もちろんそうなってしまう原因はあるし、誰もが彼女のようになってしまう可能性はあるのである。

彼女は自分でも、「どうしてこんなにさみしく、不安なのかわからない」と言う。こんな状態になる以前はとてもきれいだったし、自分でも、荒《すさ》んだ心の状態が顔や体にあらわれているということもわかっているのだ。恋人は彼女に訊《き》いたそうだ。

「オレがそばにいるし、生活に問題もないのに、何が不満なんだ」

彼女は答えた。

「別に……。でも、面白《おもしろ》くないんだもん。いいことないし……」

彼女がこうなってしまったのは、彼女自身の理由だし、立ち直って、またもとの美しい彼女に戻るのも彼女自身の力でしかない。恵まれた平和な家庭に育ち、勉強もよくでき、大学まで行かせてもらって、夏休みにはフランスなど海外へも旅立った。自分の欲求どおり、都会に出て、マンションでのひとり暮らし。仕事での収入もあり、そのうえ実家からの援助もあるという。わりときれいだからボーイフレンドに不自由もしない。けっして悪い子ではないのである。

だが、彼女にとっては、自分の思ったようになんでも手に入ることがいつのまにか当たり前になっていたのだ。実は、それは当たり前のことでは全然なく、すごく素晴らしいことなのであり、とても恵まれていることだと、彼女は気づいていなかった。

　結局、彼女はますます壁につきあたり、フランス留学という手段で環境を変えることで現状を打破しようとした。きっとフランスへ行っても、基本的にはなんら変わりはないのだろうと、私は思っている。

　とはいえ、感謝の気持ちがあれば、彼女はすぐにも立ち直るのかというとそうではない。彼女のケースでは立ち直るのはとても大変なことだと思う。

　ここで言いたいことは、今ある自分は、大局的には、しあわせだということ。そして、生きていることに感謝するということができる、そういう気持ちをちょっとでもいいから、たまにでいいから、心の隅に持つ、ということ。実は日々の当たり前のことがとても、文字どおり、「有《あ》り難《がた》い」ことなのだ。それに気づいたとき、あなたの目はとても涼しくなっているよ。

美しさは言葉からつくられる

言葉というのはメイクやヘアスタイルと同じくらい、いや、それ以上に大切な要素である。その人の話す言葉でよくも悪くも他人は相手の「印象」を判断してしまうものだ。世の中には、言葉で自分の印象を実際より下げてしまっている「美人」がいかに多いことか。あなたのまわりにもそんな人はいませんか?

言葉は時代とともに変わっていくから、きれいな言葉とか、正しい言葉といっても、100%定義できるわけでもないし、ここで美しく正しい言葉はこうこうで、汚《きたな》らしい言葉はこうだと書き並べるつもりもない。読者のあなたがとうに自分でわかるはずである。だから、まずは意識して、女らしい美しい言葉を使ったほうが絶対にいいよ、ということなのである。

理屈はともかく、やたら流行語を並べたてて話す女性の営業部員や、女性どうしで乱暴な男言葉を使うOLたちを目にすると、誰が見ても――当人たち以外――好感度は下がらざるをえない。まず実際より軽薄《けいはく》に見えてしまうものである。だからといって、いつも「ございます言葉」を励行《れいこう》しようというのではなく、中学生や高校生が使う言葉に対し、めくじらをたてて、言葉の乱れを嘆《なげ》くつもりもない。ただ、大人の女性であるならば、いつもごく普通の言葉で日常生活を送る習慣を身につけておいたほうがいいし、TPOでの敬語の使用法など、自分のためにもなる。

友達どうしで乱暴な言葉でダべっていても、いざとなれば、普通の言葉遣いができることが重要である。ある程度なら切り替えはみんなできていると私も思うのだが、いつも正しい言葉を使っている女性と、その場かぎりの応急の必要に迫られて言葉遣いを切り替えている女性とを比較してみると、違いが明確である。

ふだんから言葉に気をつけている人は、自然に好感の持てる言葉がリターンしてくる。

一方、日常使っていない人は、変にていねい過ぎて、みっともない場合が少なくない。

いつもきちんとした言葉遣いをし、そして適確なボキャブラリーを用意できることが、美しい大人の女性の必須条件でもあるのだ。

自分本位でいると引き締まらない顔になってしまう

女性でも男性でも、日常の生活に、いや人生に、いやなこととか、やりたくないこと、面倒くさいこと、というのはたくさんある。それを避けて生きることはできないし、人間の宿命だ。ところがちょっと誤解されていることがある。

よく自分のためとか、好きなことをして生活するとか、自分流とか言われるが、それはとても大切でいいことだし、本書でも後述するように、好きなことを見つけることは喜ばしく大事である。だが、この自分のために好きなことをする、自分流に自分勝手にやると思ってしまっている人や、そうは思っていなくても行動がすでにそうなっている、わがままでエゴイスティックな女性が残念ながら見かけられる。

バブル全盛期、つまらない男にふりまわされる一方で、アッシー君、メッシー君、お食事おじさんがいつもいるから、男にもお金にも困らないという女性はたしかにたくさんいたし、そういう男もたくさんいた。

それが格好よく、いい女の証《あか》しであるような風潮もあった。はたから見ていて、まったく馬鹿《ばか》げたことだなと思われたものだが、しかし自分が男でも女でも、当事者になってしまうと、それが当然のこととなり、いい女はわがままでしたい放題、好きなことだけやって生きていけると、体で覚えてしまったような時代であった。そして、かならずそういう女性には予備軍や後継者がいて、この21世紀の現在にもそんな風潮をつくりだす。

ところが、現実の生活、とくに仕事ではそうはいかなくなっている。もちろん才能がありあまるほどあって好きなことをして成功を勝ち取る女性だっていくらでもいるが、そういう人は他人には見せない苦労と困難を乗り越えてきているということに想像力を馳《は》せよう。苦労、努力、忍耐、困難を乗り越える、などという言葉自体が何か時代遅れでダサイなんて思っていたら大間違いである。

人生には避けられない困難や日常の嫌なことが多く存在する。それをなんとかうまく逃げながら避けて通る人もいるにはいるが、そうした生き方をしていると、ここぞというときに正しい判断ができなくなってしまうし、絶対避けられない、不可避な困難が発生したとき、どうにもならなくなっしまう。

それでは、苦労して困難を乗り越えたら、ご褒美《ほうび》のようないいことがあるかといえば、けっしてそうでもない。世の中はそんなに甘くはないのだ。そのかわり、そのとき、初めて自分のためになる、人間として成長したということなのである。そして、どうせ、やらなくてはならないことなのであれば、いやいや行なうのではなく、正面から取り組んだほうがいいし、結果もついてくる。そして、楽しい結果とかうれしい結果が同じことでも、苦労した分、真の楽しさ、うれしさに思えてくる。その結果、顔は引き締まり、表情にゆったりとした余裕が生まれてくるのだ。

好きなことだけを求めて生きていると顔はゆるんでくる——。自分のためだけに生きているから好感度もなくなってしまうのだ。いい女になるためには困難も正面からぶつかっていこうね。

美しさにおいて、やさしさは欠かせない条件のひとつである。では、やさしさとは何か？　と聞かれると、これはもう限りのない話になってくる。そこで、ここでは、身につけておきたい公共的かつ社会的なやさしさについて、そして、こうしたら今よりもっとやさしい気持ちになれるのではないか

自分に強くなれなければ人にもやさしくできない

というヒントについて、語りたい。

公共的なやさしさ。聞き慣れない言葉かもしれないが。身近なもので言うならば、電車やバスなどの公共スペースで、お年寄りや障害のある人たちに席をゆずるなどのごく当たり前の行動が自然にできるかどうか、言わずもがなの社会常識である。誰しもがそうした場面に遭遇《そうぐう》することは多い。そして、そんなシチュエーションで席をゆずったりやさしく声をかけることができる人は、必要なやさしさを備えているとともに、社会的な良識も持ちあわせている人間である。

彼ら彼女らは特別な人たちなのではなく、普通の人たちだ。ただ少しだけ、人に親切にすることに慣れているだけなのだ。誰もが困っている人を見かければ、助けてあげたいと思う。でも、すぐには行動にうつせない。それはほんの少しの勇気が足りないというにすぎないので、少しでいいから、気持ちを強く持って勇気を出してみる。けっこう簡単に行

動できると思う。そしてその行動を日常のこととする。一度行動することができれば、あとはたやすい。自分の素直な気持ちとちょっとした気配りが、自分のやさしさを引き出してくれるはずだ。

そして、こうした他者へのやさしさとは別に、もうひとつのやさしさが、親、家族、友人ら、身のまわりに対するやさしさである。つらいことや悲しいことを経験した人間は他者にやさしくできるという。たしかにそのとおりだと思う。では、悲しい思いやつらい目にあったことのない人（なかなかいないとは思うけれども）はやさしくなれないのか、といえばむろんそんなことはない。多くの知識を得、自分で考え、行動すれば、誰もがやさしくなれる。本来、人間はやさしいもののはずで、それを阻《はば》んでいるのは、身勝手さとか、逃げようとする心の弱さとか、ちょっとした勘違いなどだと思う。

例えば、自分の親のことを「あんな親なんていらない」と口では言っていても、心の底では誰もが親兄弟のことを思っている。重要なのは自分の心の底にある身内への気持ちを大切にすることだと思う。これは物質的で表面的な事柄ではなく、そんな自分の気持ちを素直に認め、静かにその心を大切にする、そうした内的な行為である。そうしたことがやさしさというものの基礎であり、心の美しさにもつながるものであろう。

見栄と背伸びは
ぜったい禁物

世界で物質的に最も豊かな国は——この不況不況とかしましい御時世であっても——日本である、と私は思う。他の国のように大富豪というのはあまり見あたらないが、一般の人びとの平均的生活レヴェルは高い。健康で仕事を選《よ》り好《この》みしなければ、それなりに収入を得ることができるし、その結果、欲しいものも手に入る。一定の仕事さえ持っていれば、クレジットという借金で収入以上の買い物だって可能だ。女性だったら、誰もが、いつもいい洋服を着ていたいと思うものだろうし、きれいになるためにエステにも通いたいと思って当然である。そして、たまには海外旅行に出かけ、外国車も……とまあキリがない。

でも今の日本なら、ちょっと無理すれば手の届く、生活の夢。まして不況が言われる日本において消費マインドを高めるのはけっこうなことでもあり、ある程度の女性たちはすでにそうした「マテリアルガール」として物質的生活を十分に享受《きょうじゅ》している。

しかし、問題なのは、ちょっとがんばれば、少し無理をすれば——というつもりの「無理」が、カード地獄というおきまりのコースを招くこともありがちだという点である。とはいえ、カードで数百万円の借金を抱えても、若い女性であれば、容易《ようい》に短期間でそれを埋める道だってあり、そうした猛者《もさ》もいる。人それぞれの生き方があるので、それをとやかくここで書くつもりはない。

一般的な考え方からすれば、収入に見合った生活をしたほうがいいのは言うまでもない。たいていの女性はその魔力に惹《ひ》かれ、ブランドものを身にまといたいと思う。でもそのとき、ブランドものでなかろうと、自分の収入に応じた、なおかつブランド品よりも自分を高く演出してくれる品、そういうモノが実はかならずある。安易に高価なものに手を出すことはやめて、まず我慢する。手を出してしまいそうな瞬間には内面で葛藤《かっとう》することが必要である。ただ、自分の「満足」を満たしたいだけの誘惑なのだ。

代替品はかならずある。人間とは不思議なもので、そうした意識を持つようになると、知恵が生まれ、知恵はモノを見てそして洞察《どうさつ》する目や審美眼《しんびがん》を養い、ブランドものでないもっとすぐれた品物を見つけ出すことができるようになる。

自分でその欲しかったブランド品が無理なく買える日が来たとき、あなたのその養われたセンスはすでにもっと上を見ているようになるのである（もちろん「高価」という意味ではない）。

見栄《みえ》や背伸びは他人から見てもすぐわかるし、よくは見えない。個人生活は勝手とはいっても、バランスのとれた物質的消費生活を送ることが心に余裕を与え、表情にもあらわれてくるものなのだ。

夢中になれる大好きなことを探そう

いつもいきいきときれいに輝いて見える女性は、たいていその人の本業（仕事でも主婦業でも）をしっかりとこなしていながら、本業以外にその人なりの好きな「世界」を持っている。仕事を一生懸命することやよい主婦たりうることが生きがいであるのは理想だし、人とはそういうものだろう。でも、私たちには生きがいはいくつあってもいいはずで、本業にもっと一生懸命にはげむためにも、もうひとつの違った環境で生きがいや大好きなことを見つけてみたらどうか。それは簡単に言うなら「趣味」の世界ということなのだが、ほんとになんでもいいと思う。仕事や学業は社会人や学生の義務だけれども、楽しいことより苦しいことのほうが多いものだ。楽しくて心躍《おど》る世界を自分のサイドライフとして構築することをおすすめしたい。

でもそんなステキなこと、なかなか見つからないと思うことだろう。しかし、自分を夢中にさせる、そんなステキなことを探そうと願うこと、探求しようと思うこと自体が自分の内面的なレヴェルアップ、ワンランクのステップアップにつながるのである。

だからといって、なんでもかんでも試行錯誤とばかりやってみて、自分に合ったことをやたらと探そうとするのは少々軽薄である。まず、自分のなかで、現実の世界や重い仕事に関係のない、自分らしいこととは、どんなことか、考えてみる（結果的に、案外、仕事の周辺において別の生きがいが見つかることだってある）。

そのとき、見栄とか格好を気にすると素直な自分が出てくれないし、姿を見せてくれないこともある。その結果、なんとなくだけれど、本当に自分のしたいことが見えてくる。それからの選択肢はおのずとセレクトされてくる。誰もが意識的、無意識的に大好きなことを持っている。ただ、それに気がつかないだけ。気づこうとしないだけだと思う。

肝腎なのは、それが、大きなこととか、結果を出さなければならないことではなくて、自分が何もかも忘れて夢中になれる世界でなくてはダメだということ。お気に入りのお店でステキな食事をしたり、おいしいお酒を楽しく飲んだり、カラオケ好きな彼やご主人、子供といつも一緒――。そうしたことも大切な人生の潤い、生きがいではあるが、もう少し欲張って、自分だけの楽しい世界を探してはどうだろうか。

どんな小さなことだっていいと思う。自分を夢中にさせることをもつと、ホルモンの分《ぶん》泌《ぴつ》が盛んになり、いきいきときれいになる。仕事などの現実の生活ももっと大切に思えてくる。心が潤ってくる。まだ、自分を夢中にさせることを見出せない女性は、急がなくてもいいからそれを探し出そう！

きれいなもの、美しいものを見よう

女性ならたいていの人はきれいで美しいものが好きだと思う。まずはその前提として、自分の生活している周囲、環境がきれいでなくては……という話。メイクばっちり、ヘアスタイルもなかなか、センスのいい洋服をいつも身にまとってはいても、家に帰ると部屋のなかは脱ぎ捨てられた洋服や、読みかけの雑誌の山、なんていう女性がけっこういるものだ。「友達や彼氏が来るときは別よ」という声があるかもしれないが、それでは感性はよどんでくる。

まず、きれいなものを見る第一歩は、毎日生活している自分の生活環境を清潔に整理整頓しておくことである。自分の部屋のかたづけ方が上手な女性はセンスもよくなってくる。住んでる部屋がちらかっていたり汚かったりしていると、いくらステキなアクセサリーやブランド品の服やバッグを買いそろえていても、色あせて見えるものだ（仮に自分以外の誰も見ていなくても、である）。どんなところでも自分の住んでいる場所はいつもきれいにしておきたい。

さて、それができたら、次に自分の生活環境で美しい風景を探そう。美しい風景はハワイやカナダに行かなくてもある。大都会に住む人びとはたしかにその機会が少ないかもしれないが、それでも秋の夕方、紅に染まる空に映《は》えた東京の都市風景は美しく、また、冬の早朝、高層ビル群の向こうから昇る朝日の荘厳《そうごん》さは大都会に身をおく者だけにゆるされ、与えられた美しさだ。ちょっと戸外に足を伸ばせば、お寺だって神社だって教会だってたくさんある。そのたたずまいは見落としているけれども、深い美しさに輝いている。

ほんの少し見方を変えるだけで、誰だって自分の生活環境のなかで美しい風景を目にすることができる。そんなことを心にとどめながら生活するのも、美しいライフスタイルのひとつだと思う。

そして、やはり歴史に残る内外の絵画や美術品を知っておきたい。当然、事物を見る機会は限られているから、それらを収集した本がある。ちょっと高いけれど絵でも陶器でも自分の好きなアイテムを掲載した美術書を選んで、1冊や2冊ぐらいは手もとに持っていてもいい。さらには現代美術を画廊などで眺《なが》めて、本物を——もちろん自分で手に入れられる範囲の価格のものを——選び、実際に買い求めて愛《め》でるのも素晴らしいことである。

話はそれるが、女性の海外旅行というと、高級3ツ星レストランでのグルメ、美しいショーを見て、ブランド品買い物ツアーとなりがちである。それはそれで愉快だし、とても楽しい。でも、フランスやイタリアに行って、パリ周辺の素晴らしい宮殿や美術館、歴史的なローマの建築物に目もくれず、買い物と食事だけという女性の多いこと多いこと。それに加え、民放テレビの旅行番組もその土地の素晴らしい風景、建築物、美術館よりも、どこのレストランが、どの店の服が……という内容に終始する。

せっかく遠くに出かけているのに本当に価値のあるものを見ないという手はない。というのも、例えばローマ時代の宝飾品を博物館などで見て、「あれ？　どこかで見たことがあるような……」という既視感にとらわれることがあるだろう。そう、あのカルティエのアクセサリーや、エルメスのスカーフ、ネクタイのデザインなどは、２０００年も前の古代美術にルーツをもっているのである。

大切なのは、時どきでいいから、自然とか風景、歴史的芸術品、そして日常生活できれいだと感じる対象など、事物のリアルな美しさを求める気持ちをもつようにすることである。これが感性を磨く早道であり、第一歩である。

「美のチャート的方程式」を知る

日常の生活のなかで、気持ちのいいことってたくさんあると思う。忙しかったり、それに気づけなかったりして、せっかくの気持ちのいいことを大切にできていない女性が多い。もっと自分だけの気持ちのいいことや時間にこだわりを持ってほしい。定期的に気持ちのいい時間を持つことで、人間は心身ともにリラックスできる。美しさのためには欠かせすことのできないのがこの気持ちのいいことだ。

バスタイムにこだわる

バスタイムは美容と健康にとって、とても大切。新陳代謝を盛んにすることにより脳の働きまで活性化させてくれる。精神面にもとてもよいことだ。シャワーだけですませる女性も多いが、できれば、2回に1回はゆっくり湯船につかりたい。さほど熱くない湯に時間をかけてつかること。シャンプーなどを含め、トータル1時間くらいをかける。バスタイムで、ついでにバスタブの掃除とか下着を洗うのは禁物。あくまでもバスタイムをゆっくり楽しむこと。週に3回くらいは、そんなゆったりとして気持ちのいい時間を持ってみよう。

フェイシャルマッサージ、パックにこだわる

1週間のなかでゆっくりマッサージとパックをする時間ってなかなかあるようでないと思う。週に2、3回、定期的に行なっている女性でもたいてい肌のために無理やりせわしくやっている人が多いようだ。週に2回、いや1回でもいいから、ゆっくり時間をかけて楽しむ。始める前にBGMをセットする。モーツァルトのピアノコンチェルトがとくにおすすめ。マッサージは速すぎずに3～5分。パックは目的にもよるが5～10分以内。20分間のリラクゼーションタイム。このとき、何かをしながらパックする「ながら」族の女性が多いが、これはやめたほうがいい。肌と体が完全にリラックスした状態でパックをつづけるのがその効果を最大限に引き出してくれる方法だ。バスタイムを利用してのパックも賛成しない。洗い流しタイプのパックをバスルームのなかで体を洗いながらしている女性も多いようだが、バスルームのなかは当然ながら湿気が多く、パックはそんな湿度の高いところで使用するようにはつくられていないから、効果も半減してしまう。週に1回でも10日に1回でもいい、こだわりのフェイシャルタイムを持ってみよう。

その他のこだわり

その他、心と体がリラクゼーションできて、気持ちがいいことだったらなんでもよい。例えば、早朝の散歩、お気に入りのエステに行く、最新流行の鍼《はり》、指圧、マッサージ。どれにしろ、生活のなかで自分なりに気持ちよくリラクゼーションできることを、こだわりをもって意識化してつくること、それが大切。

完璧よりも80%主義の生活態度で

この30年ほどのあいだに日本の女性はものすごく進歩&進化しているると私は思う。今の日本で誇り得る数少ない事柄のひとつに日本女性のパワーがあげられるだろう。そんななかで、女性本来のきまじめさから、何ごとにも完璧さを求めようとする生き方の女性が増えてきたようにも思われる。これは仕事面で責任あるセクション、ポジションに多くの女性が進出し、たいてい同じクラスの男性より完全完璧に近い結果を出すことからも当然のことだろう。内容によっては常に100点満点でなければいけない仕事もたくさんあり、また70点、80点でも合格というものもある。そのプロセスにおいて100点をめざすのは当然だろう。

ところが、世の中には完璧さを求めても完璧にならないことのほうがもとより多く、完璧さがかえって逆効果を招くこともたくさんある。

例えば、とても身近な例で言うと、手を洗うこと。男性よりも通常は女性のほうが清潔さを求める。そのあらわれとしてこまめに女性は手を石けんで洗う。もちろんとてもいいことだ。つねに自分の手がサラサラでないと気持ち悪いという女性も少なくない。でも、こんな例も見られる。仕事をしていても家にいても、何かにさわったりちょっとしたことでもすぐに石けんで手を洗う。ところが必要以上に手を洗いすぎると、肌本来の潤いのために存在する水分、油分や肌のために役に立つ細菌までもが肌の上からいなくなってしまう。その結果、手は荒れ、ハンドクリームでは追いつかなくなり、エモリエントクリームをすりこむ。でも、ちょっとべたつくから、今度はなにかというと抗菌力の強いというソープで手を洗うことに。悪い菌も寄りつかぬかわりに善玉のよい菌も存在しなくなる。手は無防備状態となる。行きすぎた完璧さがもたらす潔癖症の一例である。

要するにやりすぎはあくまで禁物。必要以上に石けんやソープを使っていると肌にとってよくない。手はたまに汗ばんでいたり、少し汚れている時間があったほうが実は自然な代謝のためにもよいのだ。

毎日の生活のなかでは対人関係に完璧さを求めることにも無理があり、正しいことであっても、自分の思うとおりには運ばない。例えば、自分の彼氏に対しても同じことが言える。自分は彼の前では完璧にやろうとする。センスを磨き、いつもきれいにし、一生懸命に尽くす。でも、彼は自分の思うようにしてくれない。こんなにしているのに……といつも不満が出る。完璧をめざして頑張るあまり、彼にも１００点を求めてしまっている自分……。95点ではだめ、そのマイナス５点ばかりが気になって彼の95点の気持ちが見えなくなってしまう。このことは子育てや家族関係、友人関係でも同じことだ。

女性の完璧主義はいいことだし、とても魅力的だ。でも対象アイテムを間違えると大変なことになる。仕事や自分のメイク、ファッション等は１００％を求めるべきだと思う。が、80％主義にしていたほうが結果がいいことのほうが世の中には多いということも知ろう。そしてなによりも完全主義はストレスがたまり、肌と顔の表情にとってもよくない。

こんなことを書くと、女性を多くかかえる企業サイドから怒られるかもしれないけれど、仕事でも80％主義にしていったほうが心身は健康でいられるし、潤いのある美しい肌が保てるのは確かなことなのだ。

そして、この２つの「美のチャート的方程式」はかならず覚えておくこと。

❦2つの「美のチャート的」方程式

完璧主義
↓
潔癖症
↓
ストレス
↓
心の荒れ
↓
肌荒れ
↓
魅力なし

80%主義
↓
気持ちの余裕
↓
気持ちの切り替え
↓
心穏やか
↓
肌と顔に潤い
↓
魅力的

感性を磨く——美を手に入れる前提づくり

Ⅱ章

化粧品会社の美容部員が現場に出て最初に身につけさせられるのが、掃除のしかた。デパートでも化粧品ショップでも、メーカーは自社のカウンターや自社製品の陳列スペースをもち、美容部員はお客にカウンセリングや販売を行なう。そこには商品のほかにも、各種の機材やメイクアップのテスター等、こまごまとした物品がけっこうある。テスターは毎朝きれいにしても、お客が使用するとすぐに汚れてしまう。このテスターをはじめ、カウンターにある物品はどんな忙しくても、つねにピカピカに磨きあげておかなければならない。

美のイメージトレーニングはまず掃除から

新人の美容部員はこの掃除を、数カ月にわたり徹底的にたたきこまれる。あなたが行くデパートの化粧品売り場は、デパートのなかでも花形といわれるスペースである。どのメーカーのカウンターもピカピカで、キラキラしている。しかし、そのかげで、お客にはわからないようにさりげなく、カウンターのなかの美容部員が接客の合間を見てきれいに徹底的に掃除をしている。カウンター、カウンター、ショーケースはひとつの塵も一点の曇りもあってはならない。だから、美容部員になった女性は、掃除が嫌いで不得意だった人も、いつのまにか自分の住まいもきれいにできるようになってくるというわけである。

自分を上手に装うことのできる人はたいてい、身のまわりの整理、掃除をうまくこなす。それには限られた時間のなかで、いかに効率的に、楽しんで掃除をするかということだと思う。自分をいつもきれいに装っている人は、汚れているとか汚いということ自体が許せない。自分の美しさに気を使うのと同じように、自分の身のまわりにも気を使うものなのだ。きれいにしておかなくてはならないという義務感より、きれいにすること自体が楽しい。つまり、イメージトレーニングとして、これから本書で学んでいく自己の姿形（外面）に磨きをかけることと、自分の車や自分の部屋という生活空間に磨きをかけることとが相似関係にあること、あるいは等価であるということに思いをめぐらそう。

ご存じのように、一流ホテルは、バスルーム、トイレ、洗面台、ミラー等、どこを見ても恐ろしいほどピカピカに保たれている。それだけで実に気分がいい。自分の部屋もいつもピカピカにしておきたい。それには、ガラスクリーナーを用意し、キッチン、洗面台、トイレなどの水まわりで光沢のある場所にはこだわって、きれいにしておくといい。

もし、読者のなかで掃除はあまり得意ではないという人がいたら、ぜひ今日から、今までとは違う方法で掃除をしてみたらどうだろう。そして、掃除大好きという女性は掃除をすることによって、自分の感性までもが磨かれていくことをあらためて意識しよう。また、自分の車にワックスをかけたことのない人は、年に数回でいいから洗車してワックスをかけてみよう。掃除は本当は楽しいものだし、自分の肌まで美しくなるイメージトレーニングだと思えばよいのである。それが「感性を磨く」ことのはじまりである。

料理好き女性はクリエイティヴ

私はかつて、美容家メイ・ウシヤマのもとで化粧品企画を担当する幸運に恵まれた。当時、世はバブル絶頂期、さほど大きくない私の所属する化粧品会社でも、年間30品目の新製品を送り出していた。新製品はリニューアルも含め、各セクション、各部署内外の大量の情報を集約して企画されていくわけだが、結局は限られた人間のすぐれた発想と、ごく少数の担当者によるプロデュースにより商品化されていく。そして、社内の業務においては、研究、資材、製造、発送、宣伝、教育などの多くのセクションがひとつのミスも犯さずに仕事をやりとげて新製品の発売を迎えることになる。社内の半数近くの人材がこれに参画《さんかく》するのである。だから、発想・発案して企画を進めることは実に大きな責任を感じるわけであり、これを年に30回も実行していかなければならない。担当者は何が大変かというと、リニューアルも含め、30品目におよぶ製品の発案である。それはそれは大変なものだった。

当時、メイ・ウシヤマは副社長であり、新製品の主な発案者でもあった。そして、30品目のなかで実に約半数が彼女の発案であった。それは単なる発想というにとどまらず、製品の中身、ボトル、パッケージデザインにまでおよんだ。当時の彼女は美容家として自らも店にあって接客をする日々のなかで、次々と商品の新しい発想を生み出していた。

一方、プライベートでは、現役主婦のほか、とくに食事についてはこだわりがきわまって、料理研究家としての一面を持つまでになっていた。メイ・ウシヤマのつくる料理はただ単においしく楽しいばかりでなく、いかに健康で長く生きるかという面を重視して、オリジナルのレシピでつくられていた。そして、それは自社の美容健康補助食品という形で商品となって世に出ることになる。彼女が美容健康補助食品を発表したのが今から30年前、葉緑素のジュースが最初であったと記憶している。今やまさにブームの「青汁」のルーツというわけだ。聞くところによると、メイ・ウシヤマは若いころから料理が得意で、つくることも大好きだったようである。

ところで、当時、新製品はメイ・ウシヤマの発案だけに委《ゆだ》ねられていたわけではない。企画担当者としての私は、20代から年配者まで、多くの女性の意見を聞くことにしていた。そんななかで、自分なりのアイデアを持っている人は、こちらが聞くまでもなく自分から興味深い案を持ってきた。面白いことに、新製品の試案を寄せてくる女性の多くが料理好きで、自分流のレシピを持ち、料理を楽しんでいた。

これはけっして偶然ではない。料理というのは仕事や趣味ではなく、日々の生活でもっとも重要な行為であり、自分でつくろうとすると（とくに主婦は大変だが）、つくる作業より、何をつくるかの決定が大変である。しかし、料理好きな人びとはメニューを考えるのが楽しみのひとつとなる。一般的な平均OLはもちろんプロの料理人ではないから、レパートリーもそれほど蓄《たくわ》えているわけではなく、夕食のメニューも月に2回以上は同じものがまわってくるようなものだろう。そこで、クリエイティヴな人とそうでない人で違いが生まれてくるのである。クリエイティヴな発想が薄いと、カレーの日が2度あったとするなら、まったく同じものをつくるか、せいぜいビーフカレーかシーフードカレーの2種にしてみせるかくらいであろう。料理を義務感に追われて、いかにも義務行為としてやっているようだと毎日のメニューを考えるだけでいやになってくる。反対に料理好きな女性は、たとえばカレーのレシピだけでも10種類近くも持っているものだ。そうして、いつももっとおいしいカレー料理をつくりたいと研究し、トライする。

料理大好き人間は食事という日常的な行為のなかでもつねに発想し、意想奔出《いそうほんしゅつ》、追究の道を歩むのである。この行動と思考パターンが、いつしかクリエイティヴな発想につながっていくのだ。もともと感性というものは親から受け継ぐ資質ではない。後天的な獲得物がその柱である。それぞれが生きてきた環境、情報、知識、それらを積極的に吸収しようとする姿勢や学習によって鍛えられ、時代の流れを正確に感じ取り、物事を高いレヴェルで見極める能力なのである。それは積極的に生きていないと備わってはこない。

感性を磨く基本は「積極的に生きること」だと再認識しよう。

最近、感動を忘れていませんか

「そういえば子供のころはよく驚いたり、感動していたけれど、最近はあまり感動することがなくなってしまったわ」――こういう日常性に埋没《まいぼつ》してしまった人は男女を問わず多く、それも普通のことかもしれない。大人になれば情報・知識が増え、目新しいことがなくなっていく。当然、幼いころより感動する体験が少なくなっていく。しかし、自分のまわりには日々、心を動かす感動的なことがたくさん起きているのだ。逆に大人になって年を重ねたからこそ、もっとたくさんの感動的な場面を見いだすことができるのである。

年を重ね、知識や体験が豊富になると、人は知らないことでも知ったつもりになったり、勝手に予測したりして、自分の心を先入観というバリアで包んでしまう。心を動かすような素晴らしいことが身のまわりに起きても、あえて見ようともしなかったり、見ても素直になれなかったりする。これがもっと進んでいくと、心を打つ事柄が周囲に起きても、それを自分のなかでどう処理したらいいのかわからなくなる。そして、反発してみたり、笑ってしまったり、心の奥底では本当は感動しているにもかかわらず、それを認めない行動に出たりする。こういうことは誰もが経験していることで、問題はこの認識点に立って、どう対応していくか、である。ここでその人の魅力に差が発生してくるのだ。

感動するということは、対象に反応する素直な心があるということ。素直な心は人を進歩、進化させていく。進歩しつづけていく人間はつねに魅力的だ。感動する内容、対象も感じ方も人それぞれ異なり、すべてのことに一喜一憂《いっきいちゆう》してもよくない。そして感動するということは自分だけの内面のドラマであって、人と比較するものではない。誰もが感動する映画や小説はたくさんあるが、その感動のしかたはそれぞれ違うのだ。他人が感動でうち震《ふる》えているのに自分はそれほど感動しなかったというようなこと、たとえば美しい海を見て感動する人の横で、自分はもっと美しい海を知っている、と思う人もいる。感動こそ

「自分流」がいい。

数年前、私と同じ職場の美容部員がこんな話をしてくれた。いつものように化粧品ショップで接客していると、年のころは60歳を超えていると思われる女性客がやってきた。その女性の手がとても美しかったと、美容部員が話してくれたのである。

「最近の女性は年配の方でも手入れが行き届いているから、白くすべすべの手をしている人も多いね」と私が応じると、その美容部員は「そうじゃないんです」と言う。その女性の手はとてもごつくて、指の節《ふし》は太く、色は黒く、皮膚は皺《しわ》と細かい傷でいっぱいだったというのだ。美容部員の手はいつもお客にマッサージを施《ほどこ》しているため、白くすべすべしている。でも彼女はその女性の手を見たとき、自分の手よりもその女性の黒くごつい手が比較にならぬほど美しく見えたというのだ。

そのとき美容部員は、ひたむきに生活してきた手の美しさをはじめて知ったのだろう。彼女は、その女性の手が尊敬の念と感動を自分に与えてくれたことに感謝の気持ちを表明し、ハンドケアを行なったという。私もちょっといい話を聞いて、数日、心がさわやかだったことを記憶している。

この話を聞いても別に何も思わない方もいるだろう。「感動は人によって違う」という先の話に通じるので、それはそれでかまわない。ただ、日常において感動する出来事には大きい小さいはないし、人それぞれということなのである。忘れていけないのは、感動することを恐れ、心にバリアを張ってしまうこと。素直に感動できる心は豊かさを証し、内面の美しさの下地をつくる。

きれいで魅力的な人はみんなポジティヴ

かつて、営業マンのトレーニングによく使われた逸話《いつわ》がある。アメリカの靴メーカーがアフリカのある国に二人のセールスマンを送りこんだ。その国はまだ開発途上にあり、国民のほとんどが靴をはいていなかった。A氏というセールスマンは「この国の人びとは靴をはいていない。まだ裸足《はだし》である。靴の売れる市場ではないのですぐ帰る」――とファクスし、本社にさっさと帰ってしまった。B氏というセールスマンは「この国の人びとは誰も靴をはいていない。靴はいくらでも売れる。ありったけの靴をすぐ送れ!」とファクスした。

営業マン向けの話だからかなり極端であり、その後日談があるわけでもないが、でもまさに、ポジティヴかネガティヴかという基準をとても端的《たんてき》にあらわしている。

同じ現実を見ても、考え方、解釈の違いで道は正反対に分かれる。自分はネガティヴ(後ろ向き)だと思っている人はほとんどいないと思う。たいていの人は、自分はとりあえず前向きに生きていると思っていることだろう。この話に出てくるA氏も、自分はポジティヴだし、このときもポジティヴな判断をしたと思っているはずだ。A氏は裸足の人びとは靴を知らないし、そもそも必要としていないのだから、靴を売るなど大変なだけで、そんな苦労は費用対効果も合わず合理的ではないと考えたのだろう。B氏の行動を見て、バカな男だなあと思う方もいるかもしれない。たしかにB氏がその後、どれほどの靴をその国で売ったかは知るべくもないわけだが、会社が要求した目的に着実に一歩を踏み出した。A氏は一歩さえも踏み出すことはできなかった、ということである。

生きていく過程で、困難や労苦、いやなことがあるのは当たり前。それを避けながら生きるのは上手な生き方ではなく、むしろネガティヴな生き方である。困難に正面から立ち向かっていくポジティヴな生き方の人間と比較して、大きく遅れをとってしまいかねない。

ラクをしてよい結果を求めるのはけっしてポジティヴではない。一事が万事と言われるが、ひとつのことがきっちりできる人は何をしてもきちんとできる。ひとつのこともきちんとできない人びとは他の何をしても中途半端。ポジティヴに生きている人びとはそれ相応の努力を重ねているし、いやなことからも逃げていないから、いろんなことを吸収できる。だから情報処理能力もアップし、進歩も早い。そして一生懸命だから、魅力的に見える。自分にとって都合のいい解釈をすることがポジティヴなのではなく、現実を厳しく見つめ、目標を高く持ち、それに向かって正面から努力していく姿勢こそがポジティヴさを生み出していく。「美」を手に入れるためにも、このポジティヴな果敢《かかん》さは欠かせない。

歴史的なアートは美の師匠

今日《こんにち》、私たち日本人は誰もがたやすく気楽に海外旅行を楽しむまでになっている。日本に来る美術展だけでなく、旅先でナマの歴史や世界的な芸術作品を見ることもできるようになった。それは現代人ならではの幸福である。もちろん現地に行かなくても、書籍やインターネットでも多くの芸術に触れることができる。でもなぜか、こんなに便利になったにもかかわらず、数々の芸術作品を見ようともしない人びとはまだまだ多い。

何度もパリには行くけれど、ヴィトンやシャネルのショップ、有名レストランは知っていても、ヴェルサイユ宮殿やシャイヨ宮、オルセー美術館は行ったこともないという若い女性に会うとがっかりする。芸術作品には興味もないし、別にそれほど美しいとも思えない、そんな時間があったら、たくさんのブランドショップやレストランをまわりたい……エルメスでショッピングを楽しみ、ゲランかランコムのエステサロンでフェイシャル……。とまあ、それはそれで楽しいもので、たしかに美の感性も鍛えられる。そうなのだけれども、パリに行ってこれらがメインコースで目的化しているような女性なら、そのレヴェルの感性でしかなく、有名ブティックのファッションの美しさも半分ほどしかわからないだろう。

第一、フランスという美の大国に対して失礼にあたる。フランスが世界に向かってもっとも誇り得るものは、まさに芸術そのものであり、歴史的にも、多くのアーティストや作品を生み出してきた。だからこの現代においても、シャネル、カルティエ、エルメス等が存在するのだ。オルセー美術館やルーブル美術館で多くの絵や彫刻を見ても、シャイヨ宮やヴェルサイユ宮殿などの建築物を目の前にしても、美の威力を感じない方もいるだろうし、シャネルの洋服やカルティエのアクセサリーを見たほうがよほど美しいと思う女性も多いだろう。断言してしまうが、それでは「まだ本当の美しさが自分にはわからないのだ」と思ったほうがいい。同じものを見ても、例えば「モナリザの微笑」から受ける印象はそれぞれ違う。美術史に燦然《さんぜん》と残るようなレヴェルの芸術作品というものは、私たちのまわりの環境とはあまりにかけ離れているため、どうしても内発的な興味に結びつきにくいのだろう。だが、年をとって余裕のできた主婦やOL層のあいだでは、パリに限らず、世界の歴史的建築物や絵画を見て歩く日本人も最近はずいぶん多くなってきたようである。

歴史のなかで人類が認めてきた作品は、それなりに理由があり、その価値は永遠だ。若ければ若いほど、磨けば感性は鋭く高く、深くなる。そのときはわからなくても、心のどこかに記憶の萌芽《ほうが》だけ残しておけば、高い感性の花を咲かせるための好材料になっていく。もしあなたが今まで歴史的な芸術作品にあまり興味がなかったとしたら、絵を見るためにイタリア・フィレンツェへ行ってきなさいとは言わないが、フランスやイタリアへ買い物ツアーに行くのだったら、せっかくの作品群を見過ごさないで、今までよりも少し鑑賞する時間を割いてもらいたい。その程度の興味からでも、あなたの知識と感性の目は徐々に高まっていく。有名ブティックに行くのはその後のほうがいい。今までで最高にステキな買い物ができるはずだ（例えばゲランのある高価なコンパクトは、ルイ王朝の宝石箱がデザインのルーツだそうだ）。

今までまったくアートや建築の世界にふれてこなかった女性が、これからは興味を持ってみましょう——と私に言われても、たしかに、古代の美術、ゴシックやロマネスク建築、ルネサンス美術、マニエリスム、バロック、ロココ、ロマン派……などと時代も種類も系統も多岐にわたる芸術の分野の森のなかで、何から見ればいいのかどこから手をつけていいのか皆目《かいもく》わからず途方に暮れるのではと思う。本当は自分でちょっとした機会を見つけて（たとえば好きな外国文学に出てくる画家や作品などからチェックしはじめるなど）、鑑賞しながら（ヴァーチャルでもリアルなものでも）、自分の好きな作品やアーティストと出会っていくのがよいのだが、どうしてもきっかけがつかめない人には、日本の「和」の美から始めてみるのをおすすめしたい。オーソドックスなところでは京都。建築物で言うなら、例えば金閣寺、銀閣寺……。といっても、修学旅行的なものだとバカにせずに、大人の目で見れば何か新しい発見があるはずだ。そのように歴史的なアートの名品は、あなた自身の感性を磨いてくれる美の師匠であると考えてみよう。

自然の美しさ、真の美はそこに存在している

先にも少々触れたが、世の中で自然の美しさを超えるものはない。絵画や彫刻などアートの世界、デザイナーが造形する最新ファッション、人間がつくりだす美の頂点と言われるものでも、自然美をしのげはしない。私たちが目にする空や海、山々の緑は幾世紀もその姿を変えることなく、人間たちの目と心にその美しさや雄大さを印象づけ、飽きさせない。芸術は自然を模倣する——そして、ファッションも自然を模倣する——のである。

人が創造する美の世界は、そんな自然の美しさから生み出されている。社会がますます発展し、快適に便利になっていく21世紀においては、人間がつくりだすきれいなもの、快適で楽しいものは氾濫《はんらん》していくばかりだ。物質文明は限りなく発展し、あたかも社会が自

然からだんだんと離脱《りだつ》していくかのように錯覚《さっかく》するかもしれない。しかしご承知のように、現実はそうではない。文明が進化発展するほど、自然から材料を奪ってきたかわりに、社会は自然との調和を要求される。近年の「エコロジー」の流れである。先進の科学は自然からすべてを学び、自然界の論理を模範＝モデルとして日進月歩している。実はクリエイティヴな世界はもっともそれが顕著《けんちょ》なのだ。

一見、都会派の最新ファッションでも、四季の色をいつも追いかけている。人がつくる美しさ、可愛らしさはすべて、花々や動植物、自然の美しさを、デザイナーたちの個々のレヴェルの差こそあれ、無意識的にイメージしているのだ。また美や可愛らしさを享受する側も、自然界のイメージを求めている（エルメスのスカーフに描かれた自然物の柄、あるいは極論すればミッキーマウスだって同じである）。

そしてもちろん、「女性」も自然がつくりだした美しさのひとつである。その美しさを保ち、より美しくなることは女性の特権というより、自然の流れのなかで生きていくことのひとつの使命のようなものであろう。「女性は美しくなければならない」とは美容家メイ・ウシヤマの名言だが、それは女性のあるべき、まさに自然の姿だと読み替えることもできるのだ。

感性の基本は誰にも求められる常識的な知識

ある20代の女性と話をしていたときのことだった。12月に入り、クリスマスの話題で話は盛りあがっていった。その女性は前年やその前のクリスマスのことをいろいろと話してくれた。どこへ行って誰とすごして何をプレゼントし、何をプレゼントされたか、どこのホテルがクリスマスを過ごすにはムードがいいか、などなど。イブの日はどこの店で食事をするのが素敵だとか、私はその女性の話をとても興味深く、楽しく聞くことができた。今の若い女性はクリスマスをいかに過ごすかに大きなエネルギーを使っているのだなと感心した。彼女にとってこの時期、彼とクリスマスをどう過ごすかが一大イベントとなるのだろう。話が盛りあがってきたところで、私は彼女に半分冗談のつもりで、「ところでクリスマスって何の日？」と訊《き》いてみた。

「小さいころはサンタが来てプレゼントをくれる日、大人になったらプレゼントをもらったりとか……、よくわからないけど、何かのお祝いの日かな？」

「そうじゃなくて、本当の意味で何の日？」

「えっ？　意味があるの？」

「……マジメな話、本当に知らないの？　ウソでしょ？」

と私は思わず口にしてしまった。彼女は怒り出した。そして私が、

「イエスが生まれた日だよ」としかたなく言うと、

「そんなの知らないわよ。そんなこと誰だって知らないし、関係ないでしょう」

私は絶句したが、話題を仕事の話に変えた……。

読者に誤解があるといけないのでまず説明を加えるが、その女性はたいへんきれいな人であるばかりか、仕事もよくでき、頭の回転も速く、人間的にもおおらかで、いわゆる会社のエース的な存在だったのである。もちろんたまたまクリスマスが何の日か知らなかっただけかもしれず、それだけで常識に欠けるとは決められないが、ほとんど推《お》して知るべしというところであろう。彼女が結婚し、子供が少し大きくなったとき、「ママ、クリスマスって何?」と尋ねられたら、「サンタクロースが来る日」と答えるのではないだろうかと想像して、私は複雑な思いをしたものだ。彼女は、学校で習ってもいないし、誰からも聞いていないと言っていた。たしかにミッションスクールでもない限り、イエスのことを教える教師もいないだろうし、社会はそんなことはわかりきったこととしてあらためて歴史の昔話を取り上げるよりは楽しいクリスマスを話題に据《す》えるだろう。

彼女のように魅力的で社会の先端で仕事をしているような人でも、こうした常識を知らなかったりする者がいて、時どき私は目をまるくすることになる。クリスマスがキリスト

の誕生日だと知らなくても、今のこの日本では別に問題なく生きていけるのかもしれない。しかし、ある程度の社会常識を身につけていないと感性は磨かれず、彼女のようなタイプもまるで金メッキがはげるように評判を落としかねない。常識的な知識・情報は感性を研磨するための素材でもあるから、他者とのコミュニケーションにおける話題づくりが貧しくなったり、体験が正しく身につかないことにもなりかねないのである。万巻《まんがん》の書物を読む必要は別にない。ただ毎日のニュースに目を通すこと、世界の流れ、自然の流れを知ることが、女性だけでなく現代人には必要だ。とくに休日にはファッション雑誌から少し離れて、新聞をゆっくり読むといい。新聞は世の中の流れとちょっとした最新情報、トレンドをてっとり早く教えてくれ、雑学的なミニ知識も増える。

通常の場合、身のまわりの職業的知識のみでも私たちは社会人としての対応に困らないから、常識的な社会のルールや慣習、礼儀といったものの必要性をあまり感じない。しかしそれではいつか彼女のようにボロが出る。社会のルールを守ること、礼儀正しくあること。この基本をしっかりクリアしていこう。それもまたひとつのすぐれた感性を育む要素になる。反対に社会のルールを守らず、礼儀を怠《おこた》る人間は感性レヴェルでの成長もないものである。

友人、知人、異性の知り合いは多いほうがいい

「友人、知人は多いほうがいい」とは、たしかによく言われることだけれども、女性の場合、たいていは男性よりも人間関係は狭くなる。独身ならまだしも、結婚して子供でもできれば子育てに忙しくなり、どうしても他人とのつきあいも薄くなっていく。どちらにしても、友人、知人を多く持つということはとてもいいことだ。

反面、自分の時間をつぶされたり、時にはトラブルが発生したりする。気の合った楽しい友人だけとつきあっていればその点は安心だが、そういうつもりで自分のまわりを固めようとすると、かえって誰もが去っていってしまうものだ。自分ではあまり相性がよくないと思っていても、相手は自分に好感をもっていて、こちらがそれに気づいていないというケースもけっこうあるものだ。「友達は選べ」という言葉もある。これは最初から選んでつきあえという意味とは思わない。まずつきあってから、相手によって、つきあい方を変えていくのがいい。

今はテレビ、雑誌などのマスメディアばかりか、インターネットによって最新かつ大量の情報がいくらでも入ってくる。多くの情報は教養や知識として脳へインプットされ、身についていくが、体験として血肉化していくことはなかなかできない。友人、知人は自分

とは違った世界に生き、違う考え方を持っている「他者」である。そういう人たちと接することによって、自分の考え方や生き方が、いい意味でゆさぶられ、左右される。それは大きな進歩の道へとつながる。友人、知人が多ければ多いだけ、感化される機会も多くなる。多くのつきあいを持つということは、自分の知らない世界をたくさん知る回路を持つということでもあるのだ。

友人、知人は男でも女でも多いほうがいい。男性の友人がたくさんいる女性はいいが、男友達ができない女性も多いと思う。友達というより男として意識しすぎたり、二人で会うのは恋人に申しわけないという気持ちがはたらく女性もいる。しかし、恋人以外の男性とつきあったり、恋人ではなくて友達としてつきあう心の余裕も感性の幅のひとつである。恋人や夫に限らず、人は異性からの影響で生き方を左右されることがある。とくに女性の場合、同性よりも男性のほうが客観的に自分を評価してくれる。女性の友達となると、たいていは同年代が多い。でも男友達は、年上が多かったりするものだ。同年代にはない見方で自分を見てくれるし、違う世界を知ることができる。男友達の場合、こうして得るものも多いが、個人差こそあれ、相手の気持ちのなかに、下心がかならずあると思っていいと思う。これを心に含んで、あくまで友達としてつきあっていくことも必要だ。女性でも男性でも、人はその感性を異性によって磨かれる。

男を意識して緊張感をもつ意味

この50年間、日本では、女性の進歩が著しい。この国の国民は男性より女性のほうが優秀だと言っても過言ではない。そして、美しく魅力的な女性が増えてきたと思うけれども、一部では女らしさが失われてきたという面もある。

子供時代から思春期、青年期へと、男友達と一緒になって成長してきている女性が多いせいか、大人になっても男をあまり意識しないでフランクにつきあう女性が多い。そのためか、どうしても女らしさという部分が薄れているのかもしれない。

「男らしさとか女らしさとかいう言葉はもう死語でしょう」という意見も聞こえてきそうだが、社会的な性差（ジェンダー）は確かにあり、これから探求していく美の世界においても、女性には、女性にしかない魅力がある（同時に、男にしかない魅力があるのは言うまでもない）。男と女がいて、双方が意識しあい、そして認めあうところから、女性は女らしく、男性は男らしくという、たがいの性の魅力を引き出す結果につながるのだと思う。単純な言い方をすれば、女性だけの職場と男性もいる職場では、メイクや服装において、気の使い方が違ってくる。装いには異性がいたほうが緊張感が出るのだ。

ところが最近は、あまり男を意識しなくなり、その緊張感が薄れてしまった女性が増えているような気がする。例えば、恋人や気に入ったボーイフレンドの前では男を意識して緊張感を維持しているが、オヤジや地味系の男ばかりのオフィスではつい、「仕事さえしてればいいや」という意識になってしまう女性。気を抜くことを覚えてしまうと、いくらほかでよく見せようと努力してもボロは出るもの。恋人といるときと職場では、もちろん行動や態度は違うものだが、その人の一貫したイメージというものがあり、恋人やボーイフレンドがいないところだからといって、女であることの緊張感を捨ててはいけない。それが「女の美学」というものである。

世の中には女と男しかいないし、女の恋愛対象は男であることに変わりはない。自分のまわりにいる男は恋人だけではない。仕事関係で「いい男がいない」と嘆《なげ》く前に、職場の男たちもフランクな男友達も、もっと「男」として見てあげよう。そうすれば装いにもっと磨きがかかり、女らしさという艶《つや》が生まれてくる。肝腎なポイントは、装っている女という「セルフイメージ」を自分のなかで一定のものとして、どんな場においてもイメージトレーニングできているかどうかなのだ。

自分の長所・短所を知っているか

以前、モデルの仕事をしている女友達がいた。モデルであるというだけあって美人だったたし、プロポーションもとてもよく見えた。その人は撮影の仕事の日にはかなり早起きして鏡の前に立つという。そしていろいろな笑顔や表情をためす。それを母親に見てもらう。自分が気に入り、母親もきれいだという表情ができるまで、さまざまにつくりつづける。こうして、その朝いちばんよかった顔を念頭《ねんとう》において撮影に望むのだそうだ。ゆうに1、2時間は鏡の前で、その朝最高の笑顔ができるまで、ということである。

また、その女性は手首や足首が細く、スリムに見えた。しかしあとになって本人から聞いたところによると、自分はたしかに太ってはいないし全体にスリムだけれど、太腿《ふともも》が太いのとヒップの形には自信がない、だから、自信のある膝《ひざ》から下、そしてバストを強調する服を選ぶと言っていた。

同じくモデルの仕事をしている女性で、脚がとてもきれいな人がいた。こちらは1985年ころだったから、それほど短いスカートをはいている女性にはお目にかかれなかったと記憶している。だが彼女は、脚が半分以上露出するミニスカートをいつもはいていた。実はそれは脚の美しさを強調すると同時に、それほどくびれていない足首を目立たなくする演出だった。そして、足首を細く見せるために10センチ以上のヒールをはいていた。

私がここで強調したいのは、モデルとはいえ自分の体には短所があり、それを意識してきちんと対応しているということ。彼女たちは自分の体でどこが魅力的な長所で、どこが短所かを客観的に知っているのだ。だから短所をどう隠し、長所をどう強調するかで、実際よりもっと美しく見せること、見せる術に努力を惜しまない。

美しくきれいな女性とそうでない女性の違いとは、本当はほとんどないようなものなのだけれど、自分のいいところをいかにうまく見せるかという配慮こそがほかのすべてをよく見えるようにするものなのだ。単にその違いなのだと思う。まさに自分を演出するという「感性」の差なのである。自分の体で「どこが好き」というのではなく、客観的に厳しい目で——他人を見るような目で、いちばんの長所を見つけ出し、それを強調する。

今晩の入浴後にでもさっそく、自分の「再発見」を鏡の前でしてみよう。

TPOにこだわれば人生は楽しくなる

最近少し気になるのは、素敵で魅力のある女性が多くなってきたわりには、以前よりTPOにしっかりした対応ができていないなと思うことである。その理由のひとつとしては、オフィスで働く女性の制服が少なくなり、私服でOKという企業が増えてきたこと。さらに、女性と男性の区別がなくなり、女性も外へ出て営業活動を行なうようになってきたことにあると思う。そのためどうしても私服でビジネスをこなし、そのままアフターファイブへと繰り出すことになる。それでもファッション感覚のいい女性が増えたせいか、それほどおかしいということはないのが救いだけれど。

日中、バリバリ仕事をこなしているときの装いと仕事が終わった後のファッションが同じでもそれほどおかしくなく見えるのは、仕事をしているときの装いがだんだんと派手になり、遊びのときとあまり区別や差異がなくなってきているからだろう。例をあげれば、ある高校では、かなりの女子生徒が金髪のままで登校し、学校にいるあいだも自由にさせている。スリットの入ったスカートが流行っていたときは、ある会社の女性秘書が大胆な深いスリット入りスカートをはいてきていた。その会社は銀行とか保険会社のような堅い職種ではなかったが、その秘書は顔立ちもスタイルもよい40代半ばに近い女性だった。秘書というセクションだから、メイクやエナメルも地味めな色。仕事が終わった後さぞやメイクをビシッと決めるのかと思ったら、同じ地味めの色使いでメイクを直し、そのまま夜の町へと消えていった。

たしかに個性の時代だから、どこでどんな装いをしようと誰からも文句は言われないし、まったく自由だ。しかし、金髪で登校する女子高生や、深いスリット入りのスカート姿の美人秘書——というのは私にはあまり魅力的には映《うつ》らない。高校生であればウイークディはあえて地味に清楚《せいそ》に、でも週末はピチピチの女の子に変身する、というメリハリがお手本。秘書の彼女は、スタイルがいくら自慢であっても、仕事中はせめて膝上5センチのスカートにし、楚々《そそ》とした清潔さを心がければさわやかなセクシーさが出てくるものだ。時と場所を間違えた装いやファッションはせっかくの魅力を半減させるばかりではなく、逆効果だということである。

これらは、仕事中と遊びのときの両方に対応できる装いで日常をすごす女性が増えているからだと思われる。それはそれでエコノミカルな要請でもあるし、いいことなのだが、仕事に向きあうときと遊んでいるときとが同じ感覚になっているのがちょっと気にかかる。企業もラフな感覚での仕事を黙認するようになってきている。それほどTPOをはっきり区別しなくてもよい時代になったということなのだろう。そう、自分をもっと魅力的に磨こうとする人たちにとっては反対にいいチャンスだ。オフィスのほとんどの人びとが仕事も遊びも同じノリでやっているわけなのだから。

そこで、仕事のときは１２０％仕事に徹する。仕事に合ったメイクと服、態度や言葉遣いもできるだけビジネス向きにする。一方、仕事から離れたら、メイクもヘアも雰囲気も自分を１２０％主張！

実際は仕事の後、アフターファイブを楽しむにしても、服までは変えられないものだが、メイクやヘアは変えて仕事のときとはまったくちがう自分でいたい。そのほうが自分にとっても切り替えができてストレスが残りにくくなり、別の世界を持ちやすくなる。それはなによりも他人から男性から見て魅力的に見えるものだ。

ＴＰＯによって自分を切り替えることができることは、一種、上級者のたしなみである。主婦となった女性もそうした訓練と意識があると生き生きしてくる。子供に接するときと夫や友人に接するときでは、対応は当然違うはず。子育てはまさに遊び感覚では務《つと》まらない。若いうちに切り替えのできる自分になれるよう、ひそかに鍛錬《たんれん》を積んでおくことだ。人生を数倍楽しむための「達人の技術」である。

最新ファッションは「パリコレ」チェック

読者の皆さんはおそらく、ファッションにはそうとう敏感で、トレンドのなかにも自分なりのファッションを取り入れて装いを楽しんでいることと思う。でも、その年のパリコレクションをチェックしている人は意外と少ないのでは、と想像する。パリコレを知らなくてもショップには流行の服があふれ、ファッション雑誌をチェックすれば世界の流行も察知することができる。それにパリコレはオートクチュールだからあまり身近ではない。そう、でもあえて私は、その年のパリコレをチェックすることをおすすめしたい。

今やパリコレに限らず、ニューヨーク、ロンドン、ミラノ、そして東京もファッションの発信地である。たしかにパリはかつてほどファッションの中心ではないかもしれない。しかし、1世紀も前から世界のファッションをリードしてきたフランス、そこで生まれたパリコレは2002年の現在でも世界のファッション業界に大きな影響を与え、ショーの最高峰として存在しているのは疑いの余地はない。そして、世界中のメーカーがその年のパリコレオートクチュールから、形、色使い、素材を自社ブランドのプレタポルテに取り入れて、最新トレンドとして発売することになるのである。この動きは今までもずっと変わらないし、今後も大きく変わることはないだろう。むろん、パリコレを一般の人が見ることはなかなかできない。そうはいっても、今や多チャンネルのテレビやインターネットで瞬時に映像を見ることが可能になった。そこでは世界のトップデザイナーが発表する数々のオートクチュールがスーパーモデルたちによって鮮やかに、まさに夢のように出現している。

最高のオートクチュールを身にまとって登場するスーパーモデル、それを見ているだけでもドレスの美しさ、モデルのしぐさ、歩き方、笑顔、まるで夢の世界だ。夢、美しさ、あこがれ……パリコレは女性がいだくすべての美しさを眼の前に見事に提示してくれる。それには一種の感動すら覚える。インターネットやケーブルテレビでチェックしたあと、ファッション雑誌にはかならずパリコレは掲載されるので、手もとに置いておくだけでもファッション感覚は磨かれていく。

むろんパリコレを見たからといって、すぐに自分のセンスが変わるわけではない。それは高い服を買えばパリコレに近づいたと錯覚するのも同様である。最新トレンドを知るため、世界のファッションの流れに遅れないためにパリコレをチェックするのではない。今の世界で最高と言われるアクチュアルな美しさを見ることで心が動き、そこで本当の美しさを見る目を養うのである。そしてパリコレには洋服だけでなく、ヘアスタイル、メイクアップパターンなど、ファッションへの識見を涵養《かんよう》するものが満ちているのだ。

「日本の美」を身につけてみる

日本の女性は、独特の美しさと魅力を身につけていると思う。世界の女性もそれぞれの地域、国によって独自の美しさを持っている。そんななかでも日本の女性は他の国には見られない、この国の伝統と文化に育《はぐく》まれた内面的精神的ともいうべき魅力、美質を持つといわれてきた。そのことは今も変わらないことだと思う。今日この時代でも、数百年前からの「和」の文化的伝統を、現代の女性が日常的に当然のように取り入れているという事実。その伝統とは、例えば華道、茶道、そして書道である。

この3つに代表される文化は、儀礼的というよりは日常性を芸道に昇華《しょうか》したもので、ように日常生活に入りこみ、たいがいの女性ならそのどれかひとつでも触《ふ》れたことがあるのだろう。そのどれもが300年以上前から伝統的に行なわれてきたことである。

最新ファッションに身を包んだ日本の女性は、同時に数百年来の文化もしっかり身につけている、しかもごく一般的に。こんな事例はほかの国ではあまりお目にかからない。まして、西洋文明が世界を席捲《せっけん》し、洋風ライフスタイルが定着してにもかかわらず、東洋の、しかも極東の特異な伝統文化をしっかり守りつづけてきたわけである。ご承知のように、それらの文化の担い手、そして守り手として女性が大いに活躍してきたのだから、日本女性のカルチャーシーンにおける活躍は歴史的に見ても筋金入りなのだ。

もしあなたがお花、お茶、習字のどれも経験していないというなら、どれかひとつでもいいから身につける機会を持ってみたらいかがだろうか。まず私が第一に勧めたいのは華道である。四季の美しい草花とつねに接することができ、生きている草花の息吹きを感じ、その美しさを自らの想像力で表現していく喜び。色を感じ、香りを知る。色彩感覚、デザイン感覚、レイアウト感覚、そして香りの感覚などを自らのものとする。自然にバランスのとれたすぐれた感性が宿っていく。さらに植物という生命をいとおしむ、深く豊かな心を育てる。現実の生活でも、自分の住まいにとどまらず、職務や公共的な場面で活け花の知識を生かす機会はちょっと想像しただけでもかなり多い。

そして習字。これも単に筆ができるというだけでにとどまらず、究極的には華道と同じくアートの領域だ。心を集中させ、美しい毛筆で描かれた字面が心にうったえかけてくる。自分の心の健康のためにもすぐれた効果をもたらす。ワープロではなく自ら描く毛筆の便りは、したためる人の誠意が相手に強く伝わるもの。華道や茶道と比べて一見地味ではあるが、感性をダイレクトに内面から磨きながら、生活にも役立つということでは手軽なわりには奥が深い。

そして茶道。茶道に関しては、はじめてはみたものの費用の面や窮屈さから途中でやめてしまうという話はよく聞く。しかし、茶道こそは日本文化の精髄《せいずい》であり、世界に誇るべき伝統である。今、続けている方は生涯にわたって継続していただきたいし、これからやってみようとする人は中途半端でなく、一生続ける気持ちで茶道の世界に入ってほしい。言葉にすることがはばかられるほど、茶道の宇宙は深い。その世界に少しでも触れることによって、女性としてより人間としての生き方、そして思想というものの深みを垣間見る思いがするだろう。

さらに言うなら、キモノの着付けもそんな芸道の一種として推奨しておきたい。まさに女性が担い手として形成してきた深みのある和の心である。

このように日本の伝統文化を身につけることは、文化が体現してきた美そのものを身につけることと同義であり、自らが高く成長できると同時に、個人としても日本の伝統文化をミクロな形で守り、現代社会全体の感性を高め、発展させていくことにつながるものなのである。

身体を磨こう、もっと美しいボディになろう

美しさとは健康であること。女性の体とは、この世の自然の花々とともに美しいものの代表と言える。先述したように、それは本来、誰もが持っているものであり、少しの努力でもっと美しくなれるのだ。また反対に、つまらない油断で美しさはあっという間におとろえ、美しさを保てないばかりか健康までも損なってしまう。体型を整えるプロポーションケアや全身の肌のためのボディケアが美しさを生む基本であっても、健康を守ることこそがそれ以上に大事であって、そのために3つの基本項目を伝授したい。その3つとは、「食事」「運動」「睡眠」だ。この3つはセットでひとつ。食事、運動、睡眠のどれかひとつでも不足していたり、多すぎてもだめ。その人にとってバランスよく守られていること、これが基本中の基本となるわけである。

美しくなるには、美しさを保つ食事が必要なのは言うまでもない。それは野菜、海草、魚介類、乳製品、果物、豆類（豆腐、納豆など）だ。太るのが怖《こわ》いからといって野菜や果物しか口にしない、とか、肉はガンになりやすく、魚はガン予防と世間で言われているので肉は一切食べない――こんな話をたまに聞くけれども、これは栄養学的な見地からも大変なまちがい。

たしかに、肉食中心の人は魚中心の人よりガンや高血圧になる割合が高いし、野菜中心の食生活は健康と美しさのためにはとても効果的である。ところがあくまでそれは、他の食品とバランスよく摂《と》っていてこそ効果があがるものなのだ。人の体は蛋白質、糖質、脂質、ビタミン、ミネラルをバランスよく摂取することによってホルモンを分泌し、血や肉をつくり、新しい細胞を形成しつづける。大切なのは、美しさと健康のために、どの食品からどのようにこれらの栄養素を摂取していくかである。

そこでまず野菜。健康と美しさのために野菜がよいことは誰もが知っている。なんといっても、一年を通して、その季節季節でそれぞれ違った旬《しゅん》の野菜を食べることができるのだ。年間でざっと20種類以上の野菜を口にする。野菜の栄養素は多岐《たき》にわたり、簡単に言えば糖質、各種ビタミン、ミネラル、繊維質だが、それらがまた細分化され、各成分が豊富に含まれている。年間20種類以上の野菜を食べることによって、体内でつくることのできない各種ビタミンを取り入れることができ、ホルモンバランスを調整して、血をきれいにする。カボチャやジャガイモは女性の柔らかな体をつくる良質の糖質が多く含まれている。ゴボウやセロリは多量の繊維質を含有し、つねに腸内を掃除して、肌の美しさを保つためのリズムある新陳代謝を促進する。と、ほんの一例だが、なにしろ、その季節の野菜を中心とした食事が美しさのための理想だ。野菜の効果的食べ方を列挙しておこう。

①季節の、旬の野菜を食べる
②果物は午前中、夕食には温野菜を
③サラダのドレッシングはノンオイル、そして塩分、添加物控えめ
④偏食は禁止、野菜はなんでも好き嫌いせず
⑤朝一杯の野菜ジュース（できれば塩分ゼロ）が効果大

野菜と同様に海草も美しい肌をつくる。20年ほど前に海洋美容法がヨーロッパで生まれ、日本にも普及した。特定の水草からの海水を主成分とする化粧品、海辺のホテルに設置されたエステティックサロン等、海の恵みを美容法に利用しようという試みである。

当然ながら食べ物も、もっとも身近な海洋美容療法である。海草類は低カロリーなのにミネラル、カルシウム、ビタミンが豊富で、海草サラダはそのまままるごと美容のための食材といっていい。

さて、アメリカで注目されてきたのがシーフードである。肉食文化のアメリカ人がダイエットのために取り入れた比較的新しい食の流れだ。メインはロブスター、カニ、オイスター、白身魚、クラムチャウダー、それらをフライかグリルする調理法がうけた。ビーフ

のステーキやフライドチキンが主菜だったアメリカ人にとっては、こうしたシーフード主菜化は大きなダイエット効果をもたらした。ただし、私たち日本人には、このアメリカ発のシーフードはダイエットの点では効果はない。

ところで、海岸周辺に生息するノラ猫と内陸のノラ猫とでは、毛の艶《つや》がまったく違うということを知っているだろうか。海辺の猫族たちの毛並みはまるでマットとコーティングほどの差を内陸の猫たちにつけているのだ。むろん海辺の猫のほうがツヤツヤということである。

これは昔から言われていることなのだが、アジやイワシなどの青魚を食べている猫は毛並みに光沢が出る。毛の主成分はケラチンという物質で、実は、肌の表皮の主な構成物質もこのケラチンなのである。ということは、人間も青魚（アジ、サンマ、イワシ、サバ、ブリ、マグロ等々）を摂《と》ることで、肌を美しくできるわけだ。この種の青魚は栄養価でも見直されていて、抗ガンや脳卒中防止の効果的な食材と言われている。動物性蛋白質のなかでも、青魚は美容と健康のエースなのである。

そして、植物性蛋白質のエースが大豆である。以前、日本食がアメリカの一般家庭でも重宝《ちょうほう》されているというテレビ番組が放映されていた。ある家庭の夕食メニューを紹介していたのだが、その日のメニューはなんと「豆腐カレー」であった。これは日本食といっても、豆腐とカレーを組み合わせて食べる人は日本にはほとんどいない。けれども豆腐もカレーも日本人が好きな食品だ。

アメリカには「豆腐神話」があるようで、低カロリー、良質な蛋白質とカルシウム、ダイエットしたいアメリカ人が飛びつく栄養イメージがたしかにある。私の知りあいにアメリカ人神父がいる。もう彼は20年も日本にいる知日家だが、おなじみのちょっと意地悪な質問してみたことがある。納豆は食べたことがあるか？　と。返ってきた答えは「納豆、大好き、毎朝食べている」だった。今やアメリカ人のあいだでは日本食はジャパニーズレストランで食べる特別なメニューではなく、日常的な料理として普遍化してしまっている。それはあたかも、日本人がハンバーガーを食べるようなものなのかもしれない。

そして、美容と健康に欠かすことのできないのが乳製品と果物である。乳製品のなかでもとくに美容に効果的なのはチーズとヨーグルト。幼いころからチーズを食べていると、チーズを嫌いな女性に比べて、バストの発育がよくなる。ヨーグルトはご存じのとおり、腸の働きを調整してくれる。果物はビタミンCや活性酸素を抑える物質が豊富。果物が嫌いな女性はあまりいないけれど、反面、果糖による太りすぎもあるので注意が必要。午前中に食べることをおすすめする。

では、肉は本当によくないの？　という声が聞こえてきそうだが、けっしてそうではないし、私も菜食主義を押しつける気は毛頭ない。肉は動物性蛋白質のなかで、もっとも強力な蛋白質を含む。とくに新鮮な赤身のビーフは即効的に作用するので、体内の細胞を強力に活性化させ、疲労回復に効果をもたらす。ただ長年にわたって肉食中心の生活を送っていると、どうしても脂肪の蓄積、活性酸素の増加につながってしまう。だから「食事はバランス」と言われるのである。

当然ながら、野菜、魚を中心に、肉も補うかたちで摂るのがベスト。あとは年齢によって食事内容を変化させていく。野菜、乳製品、大豆のバランスは変えずに、魚と肉の比率で言うなら、25歳までは5対5、25〜40歳で7対3、40〜55歳は8対2、55歳以上は9対1を目安としたい。

美しいプロポーションのための食事の原則

①食事のバランス
②朝・昼・晩の規則的な食事
③腹八分。もう少し食べたいというところで控える。暴飲暴食は厳禁
④薄味に慣れる。塩分の摂りすぎはシミ、そばかす、色黒、高血圧の原因となる。ひと

口、口に入れたときにちょっと薄味だなと思うほどがちょうどいい
⑤ゆっくりとよく噛んで。早食いは内臓肥満を引き起こす
⑥食後、10～20分の休憩。寝る前3時間以内の食事は避ける
⑦和食中心に。ご存じ日本食は今や世界のダイエット栄養食

食事と美容はこれだけ関連している

①アトピー、肌荒れの主な原因はバランスの悪い食事

最近、若い女性の体の悩みでは、肌荒れや敏感肌がいちばん多い。アトピー性皮膚炎も増加している。肌のトラブルというのは原因が特定しにくく、なおかつひとつの原因によらないことが多い。しかし、複数の原因のなかでかならず共通するのが栄養バランスの悪さだ。

過食の現代だから、人は好きな食べ物を好きなときに好きなだけ口にできる。いつも自分の欲求のまま、食べたいものを食べる。仕事やその他の理由が規則正しい食生活を阻む。バランスの取れた食生活をと、誰もがわかりきっているのにできない。人の体はよくできているけれども、さすがに栄養バランスの悪さには対応できず、音《ね》を上げてしまう。栄養

バランスの悪さが続くと体内のホルモン分泌が崩れてしまい、結果、自律神経のコントロールがうまくいかなくなる。そして肌トラブル、内臓疾患へとつながってしまうのである。思いあたるふしのある読者は、自分の食生活を再チェックしてみよう。

②イカはダイエット食品のエース

世の中には星の数ほど、ダイエット効果をうたった食品や補助食品があるものだが、本当のダイエット食品とは、体に必要な栄養をきちんと摂りながら、余分な脂肪分の増加を抑制することのできる食品を指すはずである。ダイエット効果はあるけれど、そればかり食べていると栄養失調になってしまうというのでは元も子もない。

そこで、最近注目されているのが、地味な存在だったあのイカである。イカには、血流中の中性脂肪を抑える物質が含まれていることが研究の結果わかってきた。中性脂肪を抑えることは、高脂血症を抑え、肥満防止にもなる。そのうえ、イカにはビタミン、ミネラルも多く、低カロリー。生野菜と合わせて食べると効果満点だ。イカのマリネやボイルしたイカとレタス、セロリを加え、ノンオイルドレッシングで食べればおいしいヘルシー料理となる。

③トマトをもっと食べよう

最近の女性は会社で1人1台のパソコン、家に帰れば自分のパソコンでEメールやインターネットというのがライフスタイルに組みこまれてきた。このディスプレイ画面は視力を衰えさせる。トマトの赤い成分は目の網膜《もうまく》にある色素細胞の働きを活性化させるので、視力の衰えを感じる人は、毎朝2分の1個のトマトを食べることで視力がかなり回復するはずだ。さらにトマトは抗ガン作用が強い野菜としても知られている。

④食事でバストを豊かにする

バストの大きさというのは、遺伝因子やバストの発達をうながす思春期での食事、運動等、多くの要因が複雑に作用している。大人になってこのサイズだから、もうこれ以上は無理とあきらめるのは全然早い。

そこでおすすめしたいのはチーズとカボチャ。チーズは知ってのとおり乳製品のなかでももっとも栄養が凝縮されている。活性酸素の発生を抑え、細胞賦活《ふかつ》作用にすぐれている。小さいころからチーズを多量に食べる国の女性はみな見事なバストを持っているものだ。野菜、魚中心の食生活で毎朝1カットのチーズが効果的である。肉類と合わせて食べすぎると肥満の原因になるから要注意ではあるが。

次にカボチャ。野菜のなかでもビタミンが豊富で、糖質が多い栄養素を含む。この糖質というのは、実は、体内でブドウ糖に変化してエネルギー源になるとともに、一方では皮下脂肪にもなる。バストは授乳している女性以外はその体積の多くが皮下脂肪。この皮下脂肪は女性の卵胞ホルモン（エストロゲン）の分泌によってバストに取りつく。カボチャはこのエストロゲンの分泌を促進する。体内のホルモン分泌のバランスも調整してくれる。というわけで、カボチャは知る人ぞ知る、トップクラスの美容食なのだ。パンプキンシチューや薄味で煮ると本当においしく食べられる。カボチャは集中的に摂ると効果的と言われているので、週に3回以上は食べたい。

理想のプロポーションはまず姿勢から

食事の次に欠かすことのできないのが適度の運動。スポーツがよいとは誰もが知っている。でも、スポーツをしなくても、これだけはまず最初に守ってほしい基本がある。美しいプロポーションのために絶対守らなければならないこと、それは姿勢を伸ばして、さっそうと歩くことだ。

姿勢が悪いとダメージは大きい。姿勢が悪い人は、どちらかというと膝を曲げ気味に歩く。その結果、脚の筋肉に無駄な力が加わり、脚の形が悪くなる。ヒップは大臀筋《だいでんきん》がゆるみがちになり、下がり気味になる。ウエストは腹筋が前かがみでいつもゆるんでしまうから、お腹が前に出て、脂肪や贅肉《ぜいにく》がつきやすくなる。胸は背中が丸くなってしまうから胸の大胸筋や小胸筋が未発達となりバストの成長を阻害したり、バストの形を悪くしてしまう。そして首が前に出るので首の筋肉に余計な力が加わり、肩こり、頭痛の原因になるばかりでなく、頚椎《けいつい》（首の骨）の変形の原因となり、頭部への血のめぐりが悪くなり、ホルモン分泌のバランスを崩したりもする。姿勢が悪いと、これだけの悪因・悪果がめぐる可能性が高いのだ。

反対に、姿勢をよくすることはすべて、これらの事態の反対の効果を持つ。形のいいスラリとした脚と丸みを帯びてキュッとアップしたヒップ。腹筋はほどよく発達しているのでウエストに脂肪や贅肉がつきにくい。背筋を伸ばしているため胸の筋肉は張りがあり、形のいいバストをつくる。まっすぐな首はしっかりと頭を支えるので無駄な力がかからず、頭部の血のめぐりもよい。そしてなんといっても、姿勢が伸びているのは見た目に美しい。これはプロポーションがどうの、ダイエットがどうのと言う前の「基本中の基本」なのである。

そして、次に運動。といってもまず歩くこと。通勤、通学、子供の送迎、何でもいい。日常的にできる範囲で毎月20分くらいでもよい。ダラダラと歩くのはだめ、さっそうと姿勢を伸ばして歩こう。毎日歩くことによって、贅肉や脂肪が取れる。内臓肥満を防止できる。全身の筋肉に対するほどよいトレーニングとなる。人間は本来、立って歩くように体ができている。歩くことにより、その美しさや健康を最大限に引き出すようにつくられるのだ。

美しい人は睡眠にこだわっている

何年か前に仕事で出張したときのこと、イベントがあるので知りあいのモデルの女性と同じホテルに宿泊した。こちらは次の出張地へ行くので1泊で次のホテルに移動する。その女性はこのイベントのために1週間、そのホテルに滞在する。チェックインを済ませ、その地でのスタッフと会うために彼女の部屋に電話をしたところ、あと1時間くらい待ってくれと言う。1週間もこの部屋で寝るのだから、許される範囲で自分の思うように部屋のなかを変えているのだと彼女は言った。スタッフと会うまでには多少時間の余裕もあったので1時間ほど待つことにした。

やがて彼女は満足した顔でロビーにあらわれた。

彼女が言うには、自分はモデルのプロとしてふさわしいギャラをもらっている。だからそのギャラ以上の仕事をしなければ次から仕事は来ない。だから肌の美しさと笑顔の素晴らしさは商売道具。この肌と笑顔を保つのはたっぷりの「睡眠」。自宅ではゆっくり眠れるけれど、出張先のホテルではどうしても眠りが浅くなる。まして1週間もホテルに泊まるとなるとストレスもたまる。そこで少しでも自分のベッドに近いものに、ホテルのベッドや部屋を作り替えるのだそうだ。ホテルだから模様替えといってもたいしたことはできないけれど、愛用の枕カバー、自分のパジャマやいつも一緒にいるぬいぐるみ等を持ちこんで、自宅の部屋の雰囲気をつくるのだそうだ。

その夜、スタッフたちと食事したあと、全員で2軒目へ流れた。その店で彼女は10時になると同時に、1人で戻ってしまった。自分の容姿を商売道具としているプロの行動だと、ある意味感心した。

その仕事をきっかけにその後も仕事を依頼したが、彼女はなにしろ睡眠をしっかり取っていた。午前中は10時前まで就寝中なので、連絡はとれない。夜も基本的には12時までにはベッドに入るそうだ。もちろん毎日夜12時に寝て、翌朝10時まで寝ているというわけではないのだが、本人いわく、可能な限りは1日8時間は睡眠を取るように心がけているそうだ。

睡眠は1日でもっともリラックスできる時であり、生活リズムの基本でもある。この大切な時間を軽く考えることはできない。睡眠は長ければいいというものではない。いかにリラックスし、深い眠りを取るかである。だから自分に合ったスタイルで自分流の睡眠タイムを演出する。

人間は昼間活動し、夜眠る。体のサイクルもそのようにできている。この自然の基本をできるだけ守ることによって、いきいきとした肌と健康的なボディを保持できる。その意味で、寝室はもうひとつの夢の別世界であり、気持ちの切り替えとリラックスできる雰囲気をつくる。カーテンの色やベッドの色は派手な暖色（赤やオレンジ）は避け、落ち着いた深い色がおすすめ。そしていつも清潔にしておく。さらに起きているときとは違う香り――例えばラベンダー系は脳を落ち着かせ、リラックスさせる――を楽しむのもいい。できるだけ規則正しい睡眠時間を保つ。基本としては、12時前には眠りについたほうがいい。よく知られているように肌の細胞は夜11時から深夜3時くらいのあいだにつくられる。この時間にしっかり寝ることが美しい肌づくりに直結する。だから同じ時間の睡眠でも質が違うのであり、早寝早起きが理想的なのだ。さらに寝る前にバスタイム。起きてから軽くシャワーを浴びるとより血行を促進することも付言しておく。睡眠という行為に対しては、もっとわがままになってもよい。

Ⅲ章

美しいボディはかならずつくれる

美しいプロポーションと姿勢についてはⅡ章で話したとおりだが、それでは、悪い姿勢をどう修正するか、という問題になる。

姿勢の悪い人が急に姿勢を直すのはなかなか大変なものだ。悪い姿勢の原因のひとつに〈腹筋のゆるみ〉がある。腹筋が弱いため、どうしても体が前かがみになってしまう。

毎日たった3分のエクササイズでこれだけの効果が

そこで腹筋強化のエクササイズである。もっとも一般的な方法でよい。仰向けに寝て、両脚を密着させ、膝を伸ばす。この形で足を床から30度上げ、そのまま20秒。

個人差があるので、できる人は30秒でも60秒でもいい。まったくのエクササイズ初心者であれば最初は15秒くらいをめざすと心地よい。最終的には1分間できるように持っていく。1分できるようになっても、そこで終わらせないで続けるのが肝要。腹筋が強化され、楽にいい姿勢を保つことができる。またそのおかげでウエストと下腹部も引き締まり、贅《ぜい》肉《にく》脂肪も取れやすくなる

次いで腕立て伏せ。このときも足をそろえ、膝をしっかり伸ばす。これも個人差があるのでまず5回から10回できればOK。5回できない人はたとえ2回からでもよいが、いかに全身の体重に対して筋肉が弱っているかを痛感できる。肘はしっかり曲げ、体は床に深く沈める。

腕立て伏せは、実は体のプロポーションを整えるにはいちばん有効で簡単。その効果は、①二の腕や肩の脂肪を取る、②胸の筋肉を活性化させてその部分の肌に張りをもたせ、バストの形を整えて豊かにする、③腹筋を引き締めてヒップアップ、④お尻の大臀筋を引き締めてヒップアップ、⑤太腿やふくらはぎにほどよい緊張を与え、足首の引き締まった美しい脚に整える、といいことずくめだ。

腹筋運動と腕立て伏せ、3分もあれば十分にできる。これを毎日、1日もかかさずに続ける。早い人で1カ月、遅くても3カ月もすれば効果がもうあらわれてくる。満足できるまでになったら、少しレヴェルを下げる。腹筋は1分できていたら30秒に。腕立て伏せが8回できていたら5回にし、さらに続ける。レヴェルの高いまま続けると皮下脂肪

を取りすぎてしまい、まったくやめてしまうとものすごい早さで元に戻ってしまうのだ。あくまで継続することに主眼をおきたい。

若いとき、見事なプロポーションを誇った女性でも、30歳くらいを境に皮下脂肪の沈着や筋肉のゆるみが出てくる。それを避けるためにも、この単純なエクササイズをわずかな時間でもいいから続けてみよう。

ウエスト、しなやかな曲線をつくる

女性の美しいプロポーションとは、全身の曲線と柔らかな感触であらわされる。大人になるまでにバランスの取れた食事、適度な運動、規則正しい日常生活を送っていれば、女性はみな、本来の美しさを引き出せるはずだ。ところが、偏食や不規則な生活習慣によって筋肉が未発達だったり、姿勢が悪くなってしまったり、脂肪が多くつきすぎてしまったりと、本来のプロポーションが台なしになりがちである。「体型は生まれつきとか遺伝だから」と思うかもしれないが、これは30%正しく、70%は間違っている。

体質や体型はたしかに遺伝する。しかし、生活環境でいくらでも変わっていく。その証拠に、現代の20代女性の体型と50年前の同年代の女性の体型を比較すればまさに明らかだ。

この50年で身長は伸び、脚は長く、バストは大きくなった。体格は細くなり、とても同じ日本人とは思えないほどである。もし体型が完全に遺伝するものならば、半世紀たっても日本女性の体型は変わらないはず、これはわかりやすい道理ではないだろうか。そうしたことを自分にも言い聞かせることが必要。

ところで、ウエスト。最近はスラッとしたスレンダーな女性をよく見かける。ところが意外と、きれいなウエストラインを持った女性は少ない。理由はいろいろあるが、そのひとつに〈小さなヒップ神話〉がある。いまだにヒップは小さいほうがいいと思っている女性が多い。女性はお尻が大きく、男性は小さいと言われるが、サイズが違うだけではなく、男性の骨盤の形と女性のそれとはそもそも異なる。そして男性と女性ではウエストやヒップの筋肉の形も違う。そのため、女性はヒップに比べてウエストが細く、ヒップが大きく見える。それが女性本来のウエスト曲線で、ヒップもまるく柔らかい。

でも、何を勘違いしているのか、〈小尻信仰〉があって、ウエストに比べてヒップが大きいと、自分はヒップが大きすぎる、少年のようなお尻になりたいと思ってダイエットをしてしまう。たしかにお尻は小さくなるが、美しいウエストラインも失われてしまう。

もうひとつの例は、やはり姿勢と緊張感。身長もあり脚も長い、体型はのびのびと健康的だ。でもウエストラインがない……。いわゆるずんどう形。このタイプの女性はけっこう多いものだ。明らかに腹筋群のゆるみと姿勢の悪さに起因している。いつも姿勢をよくしていれば腹筋はおのずと引き締まり、余分な脂肪はつかないようになる。そこで、もっとも効果的に美しいウエストラインをつくる方法、太い人も細い人もこの方法で。

①腹筋強化。ウエストの余分な脂肪を取り、姿勢を矯正。仰向けに寝て、膝を伸ばし、脚を床から30度上げる。そのままで20秒から1分（自分の力に合わせて）

②仰向けに寝て左右に下肢をねじる。左右1回として5回から10回（イラスト参照）。

③腕立て伏せ。1回〜10回（自分の力に合わせて）。

これだけは毎日励行する！

そしてスカートやパンツはウエストがややきつめのものをはく。まず3カ月は続けよう。

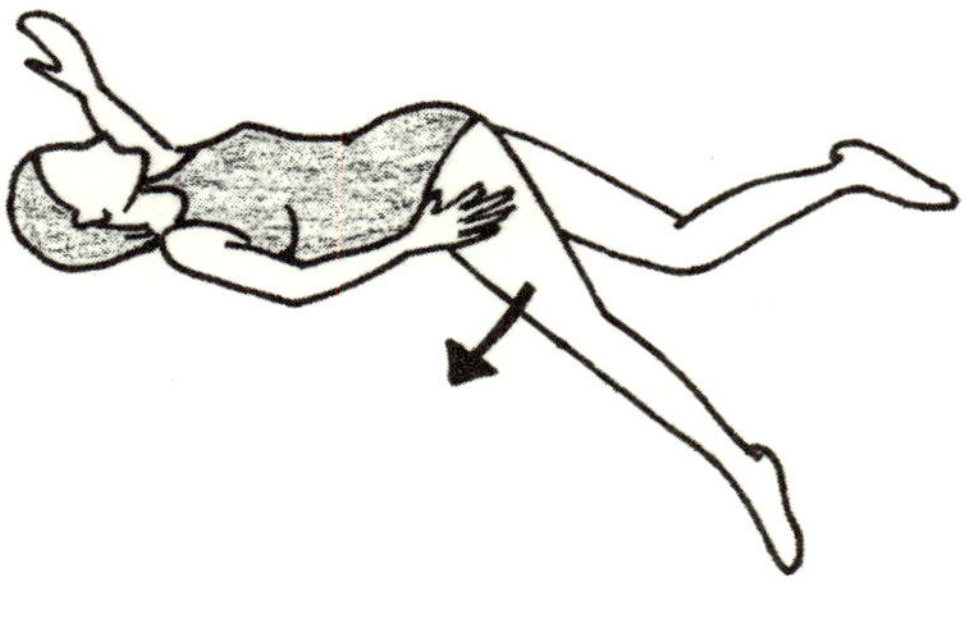

柔らかでまるくヒップアップされたお尻をつくる

女性のヒップの美しさでポイントとなるのは形の丸さ（曲線）と柔らかさ（弾力）だ。たとえキュッとヒップアップされていても、まるみがなく、弾力に乏しいと、女性のヒップは魅力に欠ける。

美しいヒップを構成する要素には四つがある。まずひとつ目がウエストのくびれだ。ウエストが締まっていないといわゆる腰のくびれができない。全体的にまるみを帯びたヒップにはならないわけだ。

二つ目は脊椎《せきつい》（＝背骨）である。人の脊椎は頸部《けいぶ》、胸部《きょうぶ》、腰部《ようぶ》、臀部《でんぶ》のパートに分けられるが、正しい姿勢の人の脊椎は横から見ると、頸（頸椎《けいつい》）では前にせり出て、胸でゆるやかに後ろに出て、腰の部分は前へ、そしてヒップ（仙椎《せんつい》、尾骨《びこつ》）ではまた後ろに曲線を描く。そこで腰椎の部分は背中から見ると前へへこみ、そこから臀部では後ろへとラインを描く。この曲線がはっきりと出ているヒップはより美しく見える。

三つ目がお尻を形づくる主な筋肉、大臀筋と中臀筋がしっかりしていること。この二つの筋肉がゆるんでいたり、未発達だと、ヒップが垂《た》れてしまったり、扁平《へんぺい》気味のヒップとなる。そして四つ目がヒップの柔らかさと構成する適度の量の皮下脂肪。この皮下脂肪が少ないと固い男性のようなヒップとなってしまう。

では、ここでお尻の形別矯正法。

①下がり気味のヒップ

ヒップの悩みでいちばん多いのがこのタイプ。若いのにどうも下がり気味、もしくは、かつてはいいラインだったのに年齢を重ねて最近下がってきたみたい……それは大臀筋、中臀筋のゆるみとそれに伴う脂肪のつきすぎが原因。改善方法はまず、腹筋運動と腕立て伏せ（前述どおり）。それに加え、ヒップアップのため、うつ伏せになり、両足を同時にそらす。膝は曲げたままでいいので10秒を2〜5回。次に横に寝て腰と膝を伸ばし、片方（重ねた上のほうの足）を上げる運動（イラスト参照）。これを3〜10回、片方ずつ行なう。そして食事は油モノを摂りすぎていないかをチェック。若い人は日常の姿勢にも注意。このタイプのヒップは1〜3カ月くらいで効果がてきめんにあらわれてくる。

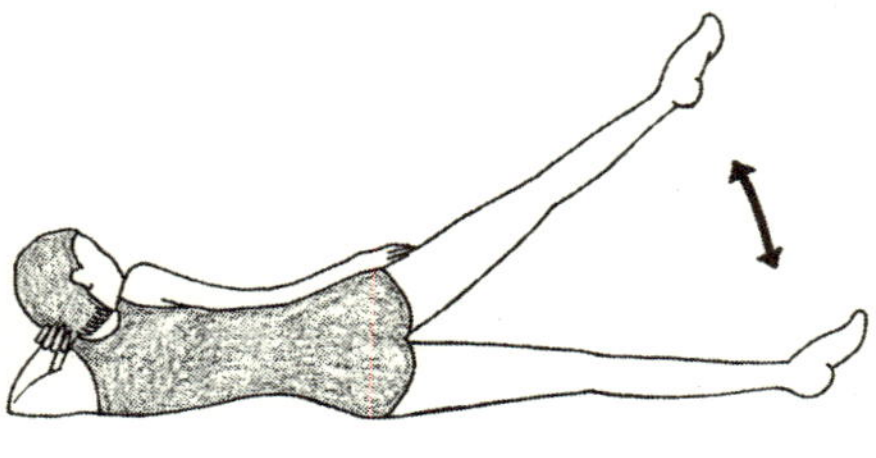

②下がってはいないがお尻が上下に長い

このタイプはスタイルのいい人にも多い。若い人にも多い。全体的にスラリとしているが、あえて不満と言えば、お尻の形がどうもよくない。このタイプこそ姿勢に関係している。改善方法としてはまず、姿勢を伸ばしてさっそうとしたウォーキングを心がけること。よい姿勢を保つため、腹筋運動は多く（例えば20秒できる人は10分おいてもう1度、ただし10〜15秒でいい）、腕立て伏せ、うつ伏せヒップアップ20秒を3回、片脚上げは10回、このタイプはお尻の形そのものを変えるため、長丁場だが6カ月はがんばろう。

③太りぎみなのにヒップにまるさがなく、腰まわりやヒップの脇に肉が多い

このタイプは太めの人に多い。太めの女性のプロポーションには2つのタイプがあって、そのひとつはプロポーションはメリハリがあっていいのだけれども脚や腕が太く、横幅がある。太腿は太いが足首はバランスよく締まっていて、ヒップはまるく、下がってもいない。ヒップは大きいからウエストの脂肪は目立たない。バストは見事なEカップ、こんな人は体重もかなりあり、太めではあっても十分魅力的な体型だ。

もう一方のタイプは、太めで体全体の筋肉や脂肪のつき方のわりにヒップに脂肪が少なく、ヒップの脇に脂肪がついている。このタイプの人は自分の体重に気をとられ、細くな

ることに関心が集中してしまい、ヒップ、バスト、脚などを、それぞれパーツとして見ていない傾向がある。そのためヒップで言えば、ウエストや太腿に比べ肉が少ないので、満足してしまっている。でも、それでは女性のヒップとしては魅力がない。改善には厄介なタイプである。

この女性たちは、ガードルを習慣的につけている人が多い。女性のヒップというのはもともとまるくて柔らかいはず。ところが太ってくると最初に脂肪が多くつく。ヒップに過剰な脂肪がつくと同時にお腹にも脂肪がついてくる。その結果、多くの人はお腹とお尻の余計な脂肪を目立たなくする最短の方法としてガードルを愛用する。

このガードル、ほとんどはお腹のゆるみを抑え、ヒップのたるみをアップさせながら、前後のゆるみをスッキリと抑えてくれる。とりあえずはヒップまわりをスッキリさせてくれるわけだ。しかし、ヒップの部分はたるんでいる脂肪を押し上げながら左右に押しやっている。その結果、いつのまにかヒップの形がまるくなくなり、ヒップ本来の柔らかくてまるい大事な盛り上がりも失われてしまう。

このことがわかって登場してきたのが、Oバックショーツや脂肪をアップしながら中央に寄せるでっちりタイプのガードル。ヒップの形を整えるにはこれらのガードルはとてもよいのだが、なにしろ、着けていてヒップが後ろに突き出る感じがするというのであまり人気がないようだ。

というわけで改善方法としては、このお尻の脂肪を中央に寄せて後ろに突き出るガードルや、Oバックタイプの下着を着けることがひとつ。脂肪、腕立て伏せ、ヒップアップ、左右の片脚上げは自分に合った運動量でいいから毎日かならず。そして食事。この女性たちは、とくに間食、甘いものの食べすぎに注意。本気になって1年続ければ見違えてくる。

④全体的にスレンダー、お尻も肉がなく、扁平なヒップ

このタイプはもっとも大変。というのは、こういう女性は最近の若い人に多く、10代のころから太るのを毛嫌いし、自ら食事制限したり、筋肉がつくのを恐れるあまりスポーツもしていない傾向すら持つ。上から下まで脂肪が少なく、筋肉の発達も悪い。肩、肋骨《ろっこつ》、骨盤等の骨が外からもよくわかるほど。どんな洋服でも似合うし、体が軽い。細いことはいいことだと勘違いしているのだ。出産したり加齢すればいやでも太るのだから、若いうちは細いのがステキだと考えてしまっている。このタイプの女性たちはヒップの形をうんぬんする前に、健康のほうが危険だ。「やせていれば、いい女」という世間の風潮や思いこみから脱却して、本来のふくよかさの魅力に女性美のイメージも転換していこう。

さて、若い女性がやせるために必要以上の食事制限をしているとすれば命にかかわるこ

と。それでなくても急激なダイエットや行きすぎた少食は貧血や生理不順、自律神経失調症、あげくの果てには精神障害までも引き起こす。もしあなたが食事制限で肩や腰の骨の輪郭《りんかく》がわかるほど細身だったら、今すぐ食事制限はやめることだ。そしてまず、バランスのいい規則正しい食事に変える。

エクササイズは腕立て伏せ、ヒップアップ、片脚上げをかならず。大臀筋、中臀筋がとくにないので脂肪が少ないわりに下がり気味のヒップになる。このヒップタイプは栄養も不足しているのでかならず食生活をチェックしながら、毎日のエクササイズを行なうこと。6カ月は続けてみることを考えよう。

「カモシカの脚」は階段が好き

最近40年で、女性の体のパーツのなかで美しくなっているのは、バストの大きさと脚（脚線）の美しさだと私はつくづく思う。40年前の若い女性で長く美しい脚を持つ人を探すのは難しかった。ほとんどの女性は現在の平均値より背が低く、脚は短く太かった。今は平均的に脚は長く細くなった。多少短くてもみな、それなりにきれいな脚が伸びている。これは明らかに食生活、生活習慣の変化のなせるわざである。洋風化の波が正座から女性を解放し、椅子、テーブル、洋式トイレなどの一般化、乳製品摂取量も伸びた。そして昔より女性が家で脚を伸ばしゴロゴロできる社会環境が、女性の脚を美しくしたのかもしれない。

しかしそんな現在、それでもさまざまな理由で脚の太さにご不満の女性もまた多い。都会に生活する女性とそうでない女性で、傾向としてひとつの差異がわかった。大都会の女性は地方在住者と比較して脚は細い。もちろん、大都会で生活する女性だって、太い脚の人もいるし、郊外や地方在住者でも脚の美しい女性はたくさんいる。

ところが、学校を出て東京や大阪などに就職して1年か2年たつと、以前より脚が細くなったという話をよく耳にする。明らかに、東京や大阪の都市部の女性は他の都市や地域の人より脚が細いのだ。

その理由は単純だ。都会の女性は他の地域で生活する女性よりたくさん歩く、それも速く歩く。通勤時間も長い。30分は短いほうで、1時間なんて普通だ。それも座れるのはラッキーで、1、2回は乗り換えもある。乗り換えだって大変だ。JR、地下鉄、私鉄、とくに乗り換え駅は巨大な空間で、いくつもの階段を昇り降り。これを毎日往復するのだから脂肪がつく暇もない。それにひきかえ、地方では通勤時間が短く、マイカー利用が多いから、おのずと運動量に差が出てくるのである。

それでは、脚の形を美しくするにはどうすればよいのか。その前に美しい脚とはどんな脚か？

昔、ミニスカートのルーツでツィギーという女性が日本にやってきた。彼女を初めて見た日本の女性たちは衝撃を受けた。細いというより枯れ枝のような脚、太腿に筋肉などついていないのかと思うほど大腿部は細く、まるで10歳前後の少年のようなお尻。その後数年は、モデルを中心にツィギーのような体型、とりわけ脚の美しさが注目された。

もちろん今では、枯れ枝のような脚が美しいと思う人は少ないだろう。脚の美しさもバランスなのだ。長さに見合ったころあいの太腿と筋肉のつき方で決まる。大腿では大腿四頭筋、いわゆる太腿前面の筋肉だ。つきすぎても少なすぎてもだめ。それに後ろのハムストリングスと呼ばれる筋肉と主に内腿、脚のつけ根を構成する内転筋群の締まり、前面大腿四頭筋のほどよい弾力で美しい太腿がつくられている。膝下は後ろの下腿三頭筋（ふくらはぎ）の筋肉の伸びやかな発達でアキレス腱へと移行し、締まった足首をつくる。太腿は弾力性に富み、ボリューム感もあるほうが魅力的である。下腿は細く足首に向かって引き締まる。

太腿が細いのはけっしてきれいとは言いがたいだろう、むしろ貧弱に見えてしまう。上半身と比較して下半身が太いという人は、たいていの場合、上半身が華奢《きゃしゃ》で下半身は実は普通であり、下半身だけ見ればけっこう女性の魅力に満ちている——という人が多い。そして自分は脚が曲がっていると思っている人は、筋肉のつき方が少し変則気味であるということがほとんどだ。

では、どうしたらいいのか。まず、姿勢を伸ばしてさっそうと歩く。階段を多く使う。太めの女性は新陳代謝がよくなり、無駄な脂肪が取れ、筋肉は引き締まってくる。枯れ枝状の脚の人はたくさん歩くことにより、必要な筋肉が正しくつき、形のよい脚になる。エクササイズは開脚ができる人は仰向きに寝て、腰から足を垂直に上にあげる。両腕の肘を床につけながら手で腰を支える。このまま開脚を5～10回。これがきつい人は寝たままでいいから足を左右に開脚、10～15回。腕立て伏せ、腹筋を毎日、そして行儀は悪いが、家ではなるべく脚を投げ出してリラックス（イラスト参照）。

睡眠の不足はいちばんよくない。大人になってからも横になって寝る時間が多いほど、脚の筋肉はのびのびして余計な脂肪や筋肉がつきにくくなる。そうして毎朝毎晩、両脚を思いっきり伸ばして、のびをする。さらに繰

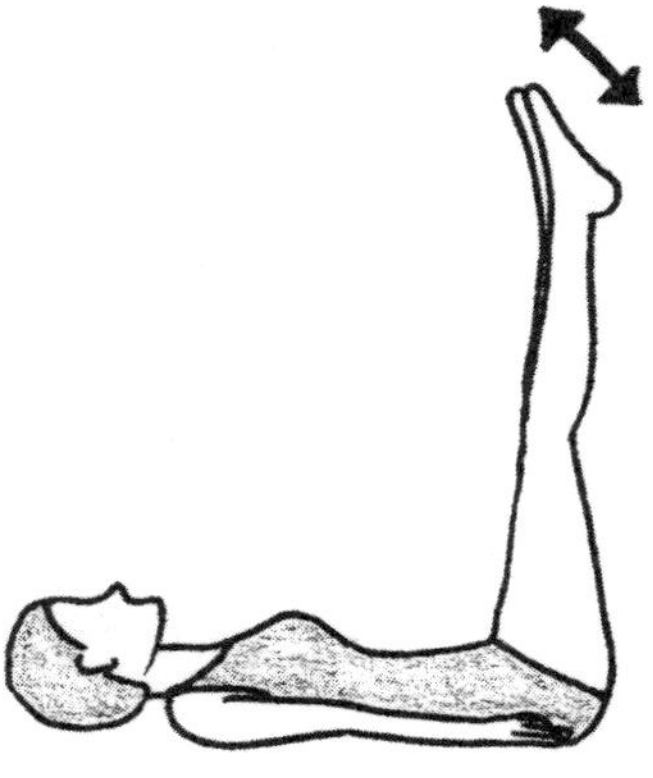

り返すようだが、脚の美しさの基本は姿勢。
姿勢が悪いと歩く際に膝がしっかり伸びない。膝がしっかり伸びないと膝で体重を支える
かわりにふくらはぎや太腿に力がかかり、余計な筋肉がつく。その結果、下半身が太くな
る。背筋を伸ばして、さっそうと歩く、これが美しい脚への最短距離だ。

あきらめは禁物、バストは大きく豊かになる

先ほども述べたように、日本人女性のバストはこの50年で平均的に大きくなり、すらりとしているのに、Dカップ以上のバストを持っているような女性が珍しくなくなった。その反面、バストの小さい人の悩みは以前より深刻なのかもしれない。でも大丈夫。バストは努力次第でかならず豊かになる。

Aカップの人が急にCやDカップになることを求めるのはかなり難しいが、ワンサイズアップには無理なく挑めるものだし、十分に可能でもある。

バストは遺伝を含め、言うまでもなく体質、体型、日常生活、食事など多くの要素が重なり、その人のバストの大きさが形成される。そしてバストを豊かにする要因として考えられるのはエストロゲンホルモンの分泌。胸部の皮膚、筋肉の活性化、毛細血管への血流量の促進、さらにそれらの要因がそれぞれ別のものではなくお互いに連関している。

では、目標3カ月でワンサイズアップ作戦――。

①姿勢をしっかり伸ばして歩く
②毎日、腕立て伏せ、腹筋運動は忘れずに
③毎朝、目が覚めたとき、その場で両手をバンザイの形で大きくのびをする
④バスタブのなかでバストを片方ずつ、下から上へ包みこむようにしてマッサージ。片方20秒ずつで十分だ

これらは特段のメニューというより、日頃の生活のなかで無理なくこなせるものばかり。これらを行なうことにより、バストを支える大胸筋の発達を促し、乳腺とバスト部分の血行を活性化して、外部からホルモン分泌を刺激する。

⑤毎日、1カットのチーズ、週2～3回はカボチャ料理を食べる（前述）。女性ホルモン・エストロゲンのバランスをよくし、バスト部分に皮下脂肪を集中させる
⑥ブラジャーはとりあえず重要。下着専門ショップでかならず正しいサイズを計ってもらう。ワイヤーが乳房全体をしっかりとソフトに包んで、まわりの皮下脂肪をバス

トに集めるブラジャーを選ぶ。サイズは着けたとき、乳頭がつぶれず、上から小指が1本入る程度のサイズが目安

⑦きついブラジャーはまちがっても選んではだめ。そしてワイヤーの形が長く使用してもくずれないものを（有名メーカーのものならばまず大丈夫）。自分の努力で少しでもブラがきつくなったらもう一度、専門店で計り直し、ブラジャーを変えていく。出産などによってバストの形がくずれてきている女性はさらにプラセンター配合のクリームで1日おきくらいにマッサージをするとより効果的。バストの部分の皮膚に張りを与え、バストの形を整える。また、よいセックスをすることもバストを大きくする。性的刺激はバルトリン腺液の分泌を促進し、女性ホルモン（エラストゲン）の分泌を高め、同時に体全体の新陳代謝も効率化し、バストの発達を促すのだ。

以上のことを実行する。結果は個人差があるので早い人で2カ月くらいから、どんなに遅い人でも1年続ければかならず違ってくる。とくに①～④は、毎日休まず続けることが大切だ。

しなやかボディに最適なスポーツはブギーボード

いくら短い時間でも、毎日エクササイズをするのは面倒だ

し、楽しくないし――という人でも、楽しみつつ、しなやかなプロポーションをつくることができるのはやはりスポーツである。テニス、ゴルフ、スキューバ、スキーにスノボ、どのスポーツもそれなりに体をしぼり、美容と健康のためによいことは言うまでもない。数あるスポーツのなかでも、短期間に女性としての魅力的肉体をつくるのがブギーボード。

ブギーボードをすることによって、結論から先に言えば、形のいい豊かなバスト、くびれたウエスト、キュッと上がったヒップ、魅力的な太腿、細く締まった足首――という具合にまさに理想的なボディがつくられる。

このブギーボードというスポーツ、簡単に言えば、板での波乗りである。サーフィンはかなりハードだし、危険も多い。それに比べてボードの上に立つこともなく、サーフィンより岸に近いところにポイントがあるため危険も少ない。そのため、近年、若い女性のブギーボード人口は急増した。では、なぜ短期間にしなやかなボディができるのか？

まずこのスポーツ、ボードの上に腹ばいになり、波のあるポイントまで漕《こ》いでいく。このとき、パトリングをするのだが、ボードの上で胸をそらし、首を上げないと安定してパトリングができない。だから海の上を移動するときに、つねに胸をそらしてパトリングをすることにもなる。バストを豊かにするストレッチでこれ以上の動作はない。同時に、足は足ヒレをつけ、両脚を開かないようにしてバタ足をしていく。体は軽い弓なり状態になるので、ヒップアップに効果は抜群である。そして、波のくずれる瞬間をとらえ、テイクオフ（波に乗る）。このとき、波に乗り遅れないようにするためにパトリング、バタ足を最大に激しく行なう。これはもう、ウエストと足首にとって最適の効果をもたらす。

このスポーツは好きになったら最高だが、ちょっとハードではある。テイクオフしたあと、多彩で高度なテクニックもあり、上手なライディングができなくてもパトリングとテイクオフができるようになるだけでしなやかなボディはつくれる。5月から10月までの半年間、毎週海に出れば、毎日のエクササイズを省いても結果は出るくらいのものである。注意として、海のルールを守り、始めるときは、スクールに入って基本をマスターすること。紫外線対策のため、早朝もしくは夕方にプレイし、UVブロックはしっかりしてから海に入る。とくに10代の女性には効果がある。

バスタイムで肌の美しさに大きな差が出る

日本の女性は欧米人と比べて肌がきめ細かく、美しい。理由は気候や食生活など、いろいろと考えられるわけだが、そのひとつにお風呂の入り方もあげられよう。欧米人は普通はシャワーですませる。日本人にも最近はシャワーだけの人も増えてきたようだけれども、基本的にバスタブに入る。そう、このお湯にゆったりとつかることで肌は美しくなるのだ。

人の肌は表皮に覆《おお》われているが、この表皮は角質となって古いものから剥《は》がれ落ちていく。肌の新陳代謝が活発だと、この角質はつねに剥がれ落ちるようになり、肌はいつも新しい表皮で覆われて、美しい肌でいられるというわけである。ゆっくりお湯につかると、古くなった角質を柔らかくして浮き立たせ、さらに毛穴の奥の脂や古くなった代謝物も浮き立たせる。ところがシャワーだけですませるようだと、いくら良質のボディシャンプーを使っても、角質や毛穴の奥の老廃物まではなかなか取り去ることはできない。顔は体がお湯につかることで、湯面からたっぷりとスチームを受ける。こうして顔も、古くなった角質が剥がれやすくなり、毛穴の老廃物も取れるのだ。

お湯につかる効果はこれだけではない。全身の血行をよくし、体を温め、自律神経や脳の働きも活発にする。その結果、体の外と内から作用して、ツルツル、スベスベ、プリンプリンの肌へと変わっていくというわけだ。

こんな経験をしたことはないだろうか。お風呂に入るとき、まずシャワーで全身を洗い、最後に温まる。ところがシャワーでよく洗ったはずなのに、足の裏や肘をお湯のなかでこするとまだアカ（角質）が出てくるという経験を。これはシャワーだけでは取れない古くなった角質がお湯で温まることにより柔らかくなり、浮き上がってきたためなのである。

ではここで、美人のためのバスタイムをレクチャー。まずお湯の温度はぬるめ、夏は37～38度、冬でも42度より高くしない。湯温がわからなくても、いわゆる熱くない程度ということ。熱いお湯は心臓と血管に負担を与えるので、逆効果になる。

まずシャワーで軽く汗を流し、お湯につかる。3分間はボーッとゆっくりする。このとき、すでに表皮は柔らかくなって古い角質が取れやすくなっている。バスタブの外へ出たら、顔、上半身、下半身の順で洗う（腕や足は指先から心臓へ向かって）。シャンプーは最後。顔はもちろん洗顔クリームで洗う。顔はいつも外気にさらされており、ファンデーションの汚れもしっかり取るため、最初に洗う。

下半身ではザラつきの出る部分、忘れがちなのがお尻の座骨の部分。ヒップのふくらみの最も下の部分で臀裂《でんれつ》（お尻の割れ目）に近い部分である。腰かけているとき、上半身の体重がいちばんかかり、いつも椅子とのあいだで強く圧迫されている。そのため、ヒップ全体はスベスベなのに、この部分だけ肌荒れを起こし、ザラついている。自分でも気がつかない場合もある。自分でお尻全体をよくさわってチェックしよう。もしザラついていたら念入りに洗う。そのほかにも代謝やホルモンバランスのくずれから、二の腕の外側、骨盤の外側にもザラつきが出やすいので注意。

次に足はかかと、膝小僧など、角質が厚く、固くなりやすいところは念入りに。足の裏も固くなりやすいところなので、よくこすることが大事。そして、ヘアシャンプーは最後に。そのあと、ふたたびお湯につかる。

このとき、バストマッサージを軽くし、左右の足の内くるぶしとアキレス腱のあいだあたりを指圧、足に響いて足先の疲れをとると同時に、子宮や卵巣の働きによいツボがこのあたりには集中しているからだ。そんなことをしながら2分はお湯につかる。最後にシャワーを流すとき、血行をよくするために首の後ろ、腰、ヒップ、膝、下肢部、バストには集中してシャワーをかける。

この入り方で、毎日、忙しい日でも30分はバスタイムを持とう。一人住まいや自分だけでバスが使えるのなら、バスタブのなかで洗ったり、温まったりを同じ要領で行なう。毎日のバスタイム、シャワーだけですましていたら、このように知らぬ間にアカがたまるかもしれない。お風呂から出たあとは全身の水気をよく拭き取り、春夏はローションを、秋冬は乳液をすりこんでおこう。とくに足、膝、肘、またヒップのザラついている部分もマッサージするよう念入りにすりこむことが肝腎。

むだ毛の処理にワックスタイプ

腕や脚のむだ毛の処理は本当に面倒だ――どの女性もそう思っている。一時はエステティックサロンで永久脱毛も流行したが、費用が高いのと肌トラブルも相次ぎ、今ではおおかた影をひそめた。そこで比較的安全で、しっかり脱毛できるのがワックスタイプ。かなり以前からある脱毛剤だが、ちょっと面倒でうまくできないという先入観があるようで、ワックスタイプ脱毛剤を使用している女性は意外と少ない。

このワックスタイプ、固形のワックスを火にかけ、溶かして肌に塗り、固まるころあいを見て一気に剥がすのだが、最初はなかなかうまくいかない。そこで初めての人は、いきなり自分でするよりも、ワックス脱毛をしてくれるエステや美容室、取り扱っている化粧品ショップでやってもらうといい。そこでコツを教えてもらい、まず腕や足から自分で行なってみるようにする。

脇は年に1回か2回、ワックス脱毛をしている店でやってもらう。その後は毛抜きを使って処理する。腕と脚は毛抜きとワックスの両方で慣れてくれれば、素早くきれいに除去できるようになる。

脱毛した後はかならず薬用クリームをすりこんでおく。ワックスタイプの脱毛剤はバラエティショップや化粧品ショップで取り扱っているが、最初はかならず専門家、メーカーの美容部員やサロンスタッフに実際に行なってもらい、使用方法をよく聞くといい。火を使う商品のため、注意が必要だ。また、ビキニラインの脱毛はあまりおすすめしない。きわどい水着を着るときはカットと最小限のシェーブ（毛剃り）で整える。腕と脚をいつもすべすべにしておくことは美人のエチケットである。

Ⅳ章

スキンケア——自分だけのノウハウをつくる

自分の肌質、本当に知ってる？

スキンケア、肌のお手入れは毎日の習慣。お風呂のあと、寝る前にローション1滴、クリームをひと塗りするだけでもスキンケアになる。年齢を問わず、スキンケアをしない女性は今や日本にはほとんどいないだろう。ところがこのスキンケア、もっとうまくできるのに……と、はたから見ていて思う女性がたくさんいる。気になるトラブルがなければあまりケアの道を追求しない。反対に、長年のトラブルが直らずに化粧品をいろいろと変えてみてもなかなかぴったりとしない。スキンケアには、正しい方法か間違った方法かという二元論はない。その人の肌にとって、どんなスキンケアがベターか、ベターでないかが問題なのだ。もちろん、大きな基本はあるが、それはいわゆる一般的によいとされている方法でしかない。

人の肌はそれこそ千差万別。真夏にナイトクリームをつける人もいれば、真冬に夏用の、水で使うケーキタイプのファンデーションでぴったり決まる人もいる。その人の肌にとってその方法がベターであれば、正しいスキンケアというわけだ。では、どうしたら自分にとってベターなスキンケアを見つけ出せるのか。それはなによりもまず、自分の肌質を知ることから始まる。

化粧品メーカーが製造販売するスキンケア製品はドライスキン用か、オイリースキン用かを明示しているもので、それぞれの肌タイプを意識をしてつくられている。日本国内の場合、スキンケア製品総出荷額の80％がドライスキン用、もしくは、それをターゲットにした製品なのだ。これは毎年変わることがない。日本人女性の80％がドライスキンなのかどうかわからないが、少なくとも年間を通して80％の女性がドライスキン用化粧品を使用しているのは事実なのである。

では肌のタイプをごく簡単に説明する。

①ドライスキン

乾燥肌。もしくは普通肌で乾燥しがちな肌。一般に、春夏は安定しているが、9月の声を聞くとカサついてくる。表皮は薄く、肌はきめ細かい。日本人ではもっとも多く、一般的な肌質と言える。

②オイリースキン

脂性肌。普通肌から脂性肌。秋冬の、温度が低い季節は肌の状態はいいが、3月ごろから吹き出物が出たり、夏に向かって化粧くずれが目立ち、肌はいつもベタつく感じがする。このタイプは一般にきめは粗《あら》く、表皮はドライスキンの人と比べて厚い。

③コンビネーション

混合肌と呼ばれ、ドライスキンとオイリースキンが、部分部分で異なる。ドライスキンだけど小鼻のまわりだけオイリーでテカつく。いつもはオイリーだけど、生理やちょっとした環境の変化で顔の一部分がカサつく。さらに春夏は吹き出物で悩まされるのに、冬のカサつきもひどい――など、このタイプはドライ、オイリーの判別はできない。エアコンの普及、生活環境の多様化でこのタイプは増大している。

④敏感肌

化粧品の選定の幅が狭い、もしくは、ひどい場合は水以外何もつけられない。ドライスキンのひどくなったケースが多く、原因の多くは偏食、睡眠不足の慢性化、精神的ストレスだ。

と、ごくごく簡単にカテゴリーを説明したが、自分の肌は女性なら一度は専門家にチェックしてもらうといい。手軽なのはデパートのメーカーカウンター。リップスティックの1本買うぐらいのつもりで、ついでにチェックしてもらおう。できれば2度、同じメーカーのカウンターで1月と7月に。気候の極端に異なる季節を選んで、そのときの肌の状態を見てもらう。1月、7月とも同じタイプの肌質だったら、間違いなし。もし違っていたら、自分の肌質はどうなのかその場ですぐ聞いてみよう。肌判断は、自分で思っていたのと異なる場合も多い。受けたことのない女性は是非すすめる。まずおのれを知ることーー本当の自分の肌を知らなければ、スキンケアはできない。

スキンケアは春夏用と秋冬用に分ける

日本には四季があって、自然の風景や食物、草花と折々の美しさをわれわれに見せてくれる。ファッションもその変化に合わせて、四季の装いを楽しむことができる。肌の状態だって四季の外気にさらされて変化していく。スキンケアは理想を言えば、それぞれの季節に対応したケアをするべきなのだ。肌の状態は外気温度ではなく、湿度によって左右される。それは肌の状態が水分バランスによって変わってくるからだ。外気が乾燥していれば室温が高くても、肌の水分はどんどん取られていく。逆に気温が低くても、湿度があれば肌の水分は保たれる。

日本の気候は1年を見てみると、3月から8月は水分を多く含んだ太平洋高気圧が優位。9月から翌2月は乾燥した大陸の高気圧が優位となる。ということは、3月から8月の春夏は比較的湿度が高く、9月から2月の秋冬は乾燥しているということ。冬の晴れた日、乾燥注意報が発令されるが、このときの湿度は35%以下にも下がる。一方、6月から7月の梅雨時となると、湿度は80%、霧でも出たら100%になることもある。冬と夏ではことほどさように湿度差は45にもなるのだ。そして、気温差も30度近くになってしまう。そのうえ、仕事中はほとんどエアコンのなかですごすわけだから、顔の肌はめまぐるしい変化に一所懸命対応しようとしているのだ。スキンケアは、この肌の対応を少しでも効果的になるよう助けてあげることなのである。だから、使用する化粧品もスキンケアの方法も、この外気の変化に対応して考えていく必要がある。

ホワイトニング化粧品のように年間通して使用するスキンケアもあるが、ホワイトニング以外のスキンケアは春夏用と秋冬用に分けるのがより効果的となる。気温5度、湿度25%のときと、気温30度、湿度80%のときで同じスキンケアを使用してもいいとは読者も思われないだろう？　オールシーズンタイプのスキンケア製品も多くあるが、これはあくまで、ローションやクリームなどのベーシックなものは季節で分けて、その上にプラスアルファとして使用すると理解したほうがいい。

そして、切り替え時は3月下旬と8月下旬。3月ごろに春夏のスキンケアに切り替えることはご存じだろうし、化粧品メーカーも盛んに推奨している。でも8月の下旬にもう秋冬に切り替えるの？　と思われたかもしれない。化粧品メーカーだってこの時期は秋のメイク商品とホワイトニングに力を入れているから、スキンケアを秋冬用にとはあまり聞かないだろう。10月をすぎたあたりに美容液がどうのと宣伝するぐらい。だが、10月からでは遅すぎるのである。

8月の20日をすぎたあたりから、水分の多い太平洋高気圧が急に南下して日本を離れ、代わって寒冷前線が通過するごとに乾燥した大陸の高気圧が日本に近づいてくる。例えば、

7月の初旬と9月の初旬、気温はともに30度前後。湿度は7月初旬は平均75%ぐらい。9月初旬は一気に60%以下となる。15%以上の湿度の低下は女性の肌にとって大きな負担となる。8月20日ごろから9月の5日ごろまでのわずか2週間のあいだに湿度が下がるわけだから、この時期、半年近く湿気の多い季節をすごしてきた肌が急にカサついてくるのも道理であろう。まだ8月の末なのに、もう肌は秋冬の気配をひと足先に感じているのである。自分はひどいドライスキンだと思っている女性は多いだろうが、これは健康な肌の証拠でもある。10月からでは遅いし、肌にとっての1カ月遅れは真冬になってツケが来ることにもなりかねない。18、19歳のピチピチ肌ならともかく、20歳をすぎたらこの化粧品の方程式を守るべきだ。

ミニチュアのサンプルでは効果はわからない

今使用中の基礎化粧品が調子がいいという人は、そのまま続けるのがいい。でも、いろんな肌のトラブルや、トラブルはないけれど、もっとぴったりくる化粧品に出会いたいという女性の場合を考えてみよう。まず、トラブルやトラブルの出やすい女性は生活と食事をチェックしてみる（言うまでもなく、生活や食事に問題があるとどんな化粧品を使ってもスキンケアをしてもトラブル肌は治らない)。理由はあるにせよ、睡眠が毎日3時間だったり、食事も不規則でバランスが悪かったり、でも美しい肌でいたい——なんて、それは無理な相談である。

食生活も睡眠も十分だというのに、どうも今使っている基礎化粧品が合わない、そしていろいろなメーカーのサンプルをもらったのだけれどイマイチだし、使ってみてもあまりよくない——こんな女性はまず、本当の自分の肌質をチェックしよう。そしてサンプルではなく、商品を1アイテム1本購入してみる。サンプルにはローションの場合10ミリからせいぜい20ミリしか入っていない。これは2日から1週間の使用量だ。人の肌にその化粧品が本当に合うかどうかはわずか2日や1週間ではわからないものだ。少なくとも、感触や特定のアレルギー反応しかわからない。まして、その化粧品の本当のよさは1本まるまる使ってみなければ判断できない。その理由は、人間の体には肌も含めて、親和性《しんわせい》と免疫性《めんえきせい》があるからである。

例えば、ヒアルロン酸やコラーゲン配合のローションを若くてトラブルの出やすいドライスキンやコンビネーションスキンに使用すると、赤くなったり、ブツブツが出る場合がある。これはヒアルロン酸やコラーゲンという強力な保湿成分の効果で、真皮層《しんぴそう》にある肌の活性組織に刺激を与えるからだ。疲れて衰えている肌ならばカサつきを取り、潤《うるお》いのある肌にしてくれるのだが、若くて不安定な肌にはトラブルの原因となってしまう。代謝の悪くなっている脂肪や不純物を一気に分泌させるため、一瞬、赤くはれたり、ブツブツが出ることがある。これが肌の免疫機能であり、これをすぎると肌はこのローションに対し、親和性を持ち、当のローションを使用することにより肌はきれいに安定してくるというこ とがある。このような場合、使用した本人はブツブツが出た時点で使用を中止するし、メーカーやショップでもトラブルが出た時点でその後の経過を考えず、商品を返品させて、その後は同じ商品を当人に売らないのが普通である。

実際、当のローションに使用されている香料とか防腐剤、水にまでアレルギーを起こしてトラブルということもある。つまり、その肌のトラブルがアレルギー反応によるものか、免疫反応なのかの判定は、その時点では不可能である。もしこのようなことがあったら、使用した化粧品をすぐ返品しないで、使用を中止して肌が落ち着くまで待ってみる。このとき、肌がなかなか元に戻らない場合は明らかにアレルギーか拒絶反応だ。落ち着いたあともう一度使用して、何も症状が発生しなければ、これは化粧品の効果で肌の老廃物を取り去ってくれたということ。そのまま使用しても大丈夫だし、その人の肌にとってもよいスキンケア商品であると認め得る。反対にふたたびトラブルに見舞われたら、アレルギー、拒絶反応ということである。

また、こんなこともある。人気のスキンケア商品のサンプルをもらって使用したら、すごく調子がいい。そこで本商品を買って使いはじめたら、1週間で元の調子のよくない肌に戻ってしまった——。我慢してそのまま使い続けても肌は変わらなかった。これは親和性が反対にはたらいたケース。ちょっとしたカサつきやブツブツがたまに出るなどの慢性的なトラブル肌は、前述したように、多くは内的要因。新しい成分が肌と出会うことにより、一瞬、トラブルは解決する。そのまま調子がよくなっていく場合もあるが、使い続けて1週間もすると元に戻ることも多い。

もちろん、サンプルを使用して判断できる場合もある。しかし、これらの例は、けっして少数というわけではないので、本気で自分に合った化粧品を探すのであれば、ローション1本は買ってみて、1カ月は使用してみることである。

女性誌の記事は信頼できる情報源だ

女性誌を開くと、かならずといっていいほど化粧品の紹介記事（パブリシティー）が掲載されている。目的別、アイテム別、新製品特集など、多彩でさまざま。読者にとってもわかりやすい記事として組まれており、スキンケア商品の特集は雑誌によって異なるものの、月刊誌の場合、年に1、2回はフィーチャーされるものである。これらを利用すれば店頭であれこれ探すまでもなく、自分の欲しい化粧品情報を入手することができて便利だ。

ところでこれらの化粧品情報はどこまで信頼できるのか？　どのみちメーカーが書かせているタイアップ記事じゃないの？　などと思う方も多いだろう。結論を言うと、女性誌の化粧品特集は１００％近く信頼できるのだ。まずその内容を見てみると、メーカーサイドのコピーや宣伝文句にとらわれず、客観的に商品の特徴をわかりやすく紹介していること。そして同じアイテム、同じ目的でも、各社の商品がそろっているため比較しやすい。また、各商品の比較検討記事、ベストテン記事が掲載されるのは、そうした客観性を証しているといってよい。

女性誌の場合、編集内容で主力となるのはファッションと美容のページ。その分、各誌とも編集スタッフ、ライターにその道の専門家をあて、日夜、しのぎを削る。化粧品と美容記事は相互に影響され関連も深いため、出版社もかなり力を入れる。

女性誌の美容化粧品担当者は、メーカーの人間よりも広範囲な知識と高度な感性、感覚を持っていると思う。そんな彼女たちのもとには各化粧品メーカーの商品やニュースリリースが山のように届けられている。そのすべてをチェックすると同時に、毎日のようにショップを歩きまわり、実際、店頭でよく売れているブランドや特徴のある商品を探し出す。「いいな」と思った商品は、取材に出向き、納得するまで説明を聞いてくる。そのような作業の結果として、編集部の判断で掲載する商品を決めていく。メーカーがいくら商品とニューリリースを送りこみ、その雑誌にお金をかけて広告を打っても、編集サイドでよいと判断した商品しか掲載されない。

例えば、まったく広告をしないメーカーの商品であっても、特徴ある商品であれば、記事になる。逆に、メーカーがその雑誌に多くの広告紙面を取っているから記事や紹介として掲載されるとは限らないのである。

このことは、私がメーカーで自ら経験したことである。あるとき、ホワイトニング商品をプロモーションの主力商品として展開していた。各誌に広告も打ち、数十誌にニューリリースと商品を送った。ところが取り上げてくれたのはたった2誌。それも小さな商品紹介ページだけだった。広告を打った雑誌社は特集があったのにもかかわらず、私のメーカーの商品は取り上げなかった。またあるとき、別ブランド名で眉毛のケア商品を発売した。多少の広告とリリースをばらまいた。ところが広告もしていない大手出版社の有名女性誌から取材申し込みが来て、記事として大きく取り上げられた。

このように女性誌の化粧品記事は、その雑誌の独自判断とコンセプトによってつくられている。だからこそ、もっとも信頼できる情報源だというわけだ。

誌面を見ていてひとつ注意しなければならないのはタイアップ記事というもの。それはまったくの広告なのだが、一見、批評記事風に誌面が構成されている。でもよく読んでいくと1商品1ブランドしか出てこない。パブリシティー記事であればかならず数社の商品が取り上げられる。もちろんメーカーの打つ雑誌広告やこのようなタイアップ誌面はその商品の内容を詳しく教え示している。その広告を尻目に見ながら、消費者、読者の立場に立ったまっとうな化粧品記事をチェックすることが肝腎だ。そこで美容情報、化粧品情報を正しく得ることができる。

トラブル肌や敏感肌、究極の治し方

程度の差こそあれ、ブツブツや肌荒れなどのトラブルがある人、ファンデーションなどを変えるとすぐに赤くはれたり、カサカサになってしまう敏感肌の人、こんな女性はかなり多い。そんな女性たちの多くは、原因を自身の体質や遺伝、または化粧品によるものと考えて、次々と化粧品を変えたりして悩んでいる。これは前述したように、そのほとんどが食事や日頃の生活によるものだ。

例えばこんな経験があるだろう。チョコレートを食べすぎて、明くる日、顔にブツブツが出たとか、いつもは和食中心の食事をしている年配の女性が、脂っこいラーメンを食べ、もう1時間後には顔にブツブツが出ていた、という具合。また睡眠不足が続けば、誰もが経験するように、肌はガサガサでどうしようもない。こうした食事や生活を慢性的に続けていると、どうしたって肌も慢性的にトラブルが起こり、敏感肌になってしまうわけだ。だからトラブル肌や敏感肌の女性は、まず食事と生活を自分で厳しく再チェックし、治していくのが先決。

慢性的にトラブルとなった人の肌は1週間や2週間、食事や生活のスタイルを変えたって治るものではない。まず3カ月は、食事をきっちりとバランスよく摂るよう心がける。3カ月後にはかならず効果があらわれてくるものだ。もし、それでもだめなら、次の方法がある。

高校生のとき、こんな経験をしたことはないだろうか。ニキビがたくさん出て、いろんなニキビ肌用の化粧品を使ってみてもうまく改善されない、と悩んでいた人が、人にすすめられて、夏、定期的に海に入った。9月になったら、もうニキビは跡形もなくなっていた――。そう、トラブル肌や敏感肌を確実に、そして早く直す方法のひとつに、「海」という療法がある。

とはいっても、海が遠い人や忙しくて出向けない人には困難だが、確実に効果があがることは間違いない。そして海に入る季節だが、6月から9月の中旬までがだいたい日本で海に入れる時期。できれば毎週、海に行くこと。晴天の日よりも雨や曇りのほうがいい。

晴れた日は夏の紫外線が非常に強いので、逆に肌に悪い効果を与えることがある。

次は時間帯だが、当然、朝一番である。９時ごろにはもう引き揚げるのがベスト。しかもビーチで甲羅干しをするのではなく、30分くらいは海中に入って泳いだり、海の中を歩く。できれば顔を海水につけたり、波を顔に当てたりする。だからブギーボードなどは最適なスポーツとなる。間違っても、しっかりとファンデーションを塗って行くようなことはやめよう。

よく知られているように、海の水が人間の肌にとってよい効果を持つことが、研究の結果、判明してきた。化粧品メーカー各社からは、どこそこの海底から取った水であるとか、海水の成分を基調とした化粧品などが発売されている。これは、海の水が女性の肌にとって、非常にすぐれた治療効果をもたらすということである。場所は海外や地方のきれいなビーチが最適ではあるが、湘南あたりのさほどきれいでないビーチでも効果は得られる。毎週早朝、２時間程度、海に入って遊ぶことは肌にとってもよいばかりか、心のケアにもなる。海に入るときはあくまでもノーメイクで。

これらの対処法は、少し乱暴なようだが、半年も我慢すればかならず効果があらわれる。本気で肌を改善したい女性は一度試してみてはどうだろうか。

クレンジングと洗顔、よい化粧品の選び方

クレンジングと洗顔は、スキンケアのなかでも基本中の基本。肌の汚れやファンデーションの残りかすが毛穴のなかにそのまま残っていると、肌の代謝を阻害し、かならずトラブルにつながる。そこでまずクレンジング。ローションタイプ、乳液タイプ、クリームタイプなどとあるわけだが、どれも言えることは良質のものを選んだほうがいいということ。クレンジングは基本的には1日1回、外出から帰ってきて、メイクを落とすときに使うわけだけれども、アイメイクから口紅まですっかり完全に落とさなくてはならない。クレンジング力の弱い商品を使うと、ファンデーションやメイクの残りが目に見えないところに残っていて、これまたトラブルの原因となる。

クレンジングの商品は、ある程度、小型サンプルで試すことができる。自分の手の甲に口紅を塗って、それをクレンジングで取ってみる。もっとも早くきれいに取れて、そのあとしっとりとしているものが良質と言えるだろう。今やクレンジングも種類が豊富で、オイルタイプ、クリームタイプ、ジェルタイプ、ローションタイプ、ムースタイプなどがある。ここではあえてクリームタイプをすすめておきたい。もちろんその人によって好みや相性といったものはあるけれど、一般的にクレンジング力や肌への負担、しっとり感など

を考えると、クリームタイプが最もすぐれていると思われる。クレンジングはスキンケアのなかでもっとも重要なケアなのだ。しっかりと落とそう。

次に洗顔料だが、これは朝と夜とで変えるのが最も理想的。というのは肌は夜寝ているとき、もっとも新陳代謝が活発になるため、朝起きたときの肌というのは代謝後の老廃物や不純物で覆われているものである。そこで、朝はできれば酵素系の洗顔料を使用するとよい。酵素によって老廃物はその蛋白質を分解されるからだ。そして、夜はその人の肌に合わせて、アミノ酸系でもかまわない。

洗顔するときは水ではなくて、ぬるめの湯を使う。これはぬるま湯を使うことで肌表面を柔らかくし、老廃物や汚れを浮き出してくれるからだ。そしてよく泡をたてて、その泡で顔を包みこむように、またマッサージをするように泡を転がし、その後、よくすすぐ。洗顔の基本としては朝と夜の2回でよいのだが、人によっては日に何度でも洗顔する人がいるけれど、あまりすすめられない。というのは、人間の肌には本来、自然の潤いとして水分や脂分があり、肌を外気や刺激から守っている。洗顔をしすぎると、その潤い成分である水分、脂分までも取り去ってしまうため、逆にトラブルの原因となることもある。

若くてピチピチした肌、でも油断は禁物

若いときの肌はそのままでもきれい、とよく言われるけれど、油断は大敵だ。老化は予想以上のスピードでやってくる。10代後半から20代前半の肌はたしかにきれいである。ほとんど何もしなくても、ピチピチしている。と同時に、この年代は海や山、スキーやスノボ、スキューバなど、アウトドアスポーツに盛んにトライする時期でもある。でもそのあとのケアとなるとどうだろう、怠りなくフォローしている人はわずかなのでは、と思う。もう一度見直してみたい。まずアウトドア、ゴルフ、スキーなどではしっかりとUVブロックをしておく。水に入る遊びでは、ウォータープルーフのファンデーションは欠かせない。そして問題なのはそのあと。日焼けしたあとの肌は、いつものスキンケアではもの足りない。しばらくのあいだはホワイトニングケアをすること。最近、ホワイトニング商品には各社とも力を入れていて、良質な商品が続々と発売されている（ホワイトニングケアについては後述する）。日焼けは水分を奪い、弾力繊維を傷つけ、肌の老化を早めてしまうことを肝に銘《めい》じること。日焼けはシミとシワをつくってしまうのだ。

次に、仕事や遊びで睡眠不足が続いた肌。若いうちは回復が早いのでそのまま何もしない女性も多いが、それでは知らず知らずのうちに真皮層の活性組織を傷《いた》めてしまう。ケア

としては、まず肌を休ませること。多少の不摂生《ふせっせい》は仕方ないが、遊びすぎたと思ったら、睡眠をできるだけたっぷりとること。そうした意識した日をかならずつくりたい。次いで食事。野菜や果物などでビタミンCを多く摂《と》る。ビタミンCはメラニン色素の抑制だけでなく、肌自身の活性にもたいへんよい働きをもたらす。

要するに、不摂生でハードな生活のあとは、肌も体も休ませるということ。そこを意識せず、ずるずるとそのままの生活をつづけてしまうと、取り返しのつかないことになる。そして週に1度はパックとマッサージをしよう。

若い肌のパックは、水分補給用のものより、汚れやすくなった角質を取り去るパックのほうが適している。そしてマッサージ。その人その人の肌に合うクリームやオイルを用いて、軽くほぐすようにマッサージする。マッサージの物理的効果によって、肌を活性化させる。

マッサージは年配になってからと思われがちだが、疲れた肌とか不摂生で傷んだ肌には効果的だ。スポーツや遊びでハードな日々をすごすのは若い人たちの特権でもあるが、問題はそのあとの肌の手入れが十分か否かであって、5年後の肌年齢が違ってくるのである。

また、食事について言うと、若い人は味が濃くなりなすいが、若いうちからなるべく薄い味に慣れ親しんでおこう。味が濃すぎるとシミや色黒の原因となることがある。

さらに使用するスキンケア商品に関してだが、若いうちはどんなものを使用したらいいのかとよく聞かれる。だが、前にも述べたように自分の肌に合った商品というのは自分で探すほかない。目安で言うならば、若くて健康的な肌の女性の場合、植物性成分配合のスキンケア商品が無難《ぶなん》である。いわゆるヒアルロン酸、コラーゲン、プラセンターなどよく聞かれる生体由来の配合成分のスキンケア化粧品は、若くてピチピチした肌には少し負担がかかりすぎる。植物性配合成分のものには強烈な効果はあまりないのだが、健康な肌を保持し、潤いを保たせる機能がある。また、場合によっては、一般化粧品ではなくて、1年じゅうホワイトニングの化粧品を使ってもいいだろう。

最後に忘れてならないのがヘア。黒髪の人もカラーリングしている人も、地肌（頭皮）のケアを怠らないこと。髪の毛の艶《つや》というのは、毛根から自然な潤いが出てきて、1本1本の毛に膜を張り、艶となる。そのため、シャンプーやトリートメントのケア商品よりも、ヘアローションやスキントニックなど、頭皮に作用する養毛剤のようなケア商品を使うといい。

ナチュラルな美しさにあぐらをかかず、自分なりにケアをきちんとしていけば、5年後、10年後も若い肌ときれいな髪を保持することができる。

エステサロンを利用して若返る方法

はたから見て、女性の年齢ほどわからないものはない。年齢を問わず、メイクアップの上手な女性が増えてきたことや生活環境の向上、良質なスキンケア商品が出まわってきたことが原因だろう。そして、忘れてならないのが、エステティックサロンの普及だ。このようなことで、読者の身のまわりを見てもらえばわかるとおり、22、23歳の女性が30歳くらいに見えることもあれば、40歳の女性がどう見ても20代後半にしか見えないという現象が起こっている。

この差はいったい何だろう? それはやはり美しさへの執着である。25歳をすぎて子育てに入り、40歳になって子供もほぼ手を離れた——という平均的なライフサイクルの場合でも、肌の手入れを怠らない女性がかなり増えてきている。すでに述べたように、若いときのケアでその後の肌状態は違ってくるわけだが、30歳をすぎても、いや40歳をすぎても、いや、頑張ればそれ以降でも、よりよい肌状態に持っていくことは必ずできる。5歳や10歳、若返ることはだれにも可能なのだ。

第一に、自分の肌はもうダメだ、とネガティヴに思わず、かならずきれいになるんだという目標を立てること。次に自分で化粧品を見つけ出し、自分で手入れをきちんとできる女性はいいのだけれど、どうしていいのかまるでわからない人には、エステティックサロンの賢い利用法がある。

エステティックサロンというと、何十万円もするコースをすすめられるのではと思いがちで、なんとなく敷居が高いように感じられるだろうが、単発1回でいくらという手軽なコースも多く設定されている。サロンに行ったら自分の肌を診断してもらうこと（診断がコースに入っていない場合は相談すること）。長年の日焼けでシミ、ソバカスが多くなっているとか、クレンジング、洗顔不足で角質が厚くなり、汚れがつまっているとか、またひどい乾燥肌を放っておいたため、年齢以上にシワが増えているとか、細部の状況がよくわかるので現在の状態を専門家に診てもらう。

だが、エステティックサロンには行きづらいという人も当然いるだろう。そんな人はデパートの化粧品売り場に行き、自分のお気に入りのメーカーの肌診断を受けるとよい。エステティックサロンのいいところは、診断後、フェイシャルトリートメントを施してくれるところだ。その日は肌はツルツル、ピカピカになる。そしてその後は自分でやっていくということ。毎週サロンに通うのはお金もかかるから、慣れるまでの1カ月くらいはプロの技術でやってもらい、その後、自分で手入れ方法を探り、方法論を確立する。自分の習慣づけのためのきっかけとしてサロンを利用するということである。

もうひとつの方法として、化粧品メーカーを利用すること。デパートのカウンターでもいいし、訪問販売のセールスレディを利用するのもよい。できればデパートのカウンターのほうが気楽で、今では美容器具などの設備も充実してきており、その場で肌に合った商品をすすめてくれるので、初めての人には気後れせず入りやすいだろう。

自分の肌の状態がわかったところで、若返り作戦に入ることにしよう。さて、その前に、チェックしておくことがある。それは、食事。脂っぽいものを摂りすぎていないか、塩分を摂りすぎていないか、もう一度確認してみよう。前述したように塩分の摂りすぎはシミ、ソバカスを増やすし、色を黒くさせるので、味の濃い薄いは重要だ。食事のチェックは前提なので、それがすんだところでいよいよ化粧品選びである。

さてまず、自分の肌の状態を知っておこう。肌診断をしたら（してもらったら）、今度は、理想的な肌とはどういうものか思い描こう。一般的に言うと、保湿されている状態――いわゆるしっとりしているということ。しっとりしているということは新陳代謝が活発だということである。化粧品メーカーはいわゆる薬事法によって、「新陳代謝」とか「治る」とかいう言葉は規制されている。そのため、どの商品を見ても「さっぱり、しっとり」というような表示しかされていない。30代後半、40代以降の年齢の肌は少々疲れてきているので、回復を目的とした化粧品を選びたいもの。そこで、成分を見て、「植物性」のものよりも「生体由来成分配合」をおすすめする。生体由来の配合成分というのは、いわゆるコラーゲン、ヒアルロン酸、エラスチン、リバイタリン、プラセンターエキス、などである。これらは肌になじみやすく、即効性がある。植物性のものと比べると、回復力が高い。

では、それらが肌にどう作用するのかというと、肌本来が持っているコラーゲンやエラスチンを他の生体から抽出して配合してあるため、それが直接、真皮層に不足している分を補ってくれるわけだ。新陳代謝を活発にし、潤いを保持してくれる。肌はふっくらと柔らかく、しっとりすることになる。年齢を重ね、疲れて傷んだ肌、長年の汚れが蓄積し厚くなった角質、それらが原因で、シミ、シワ、カサカサ肌ができてしまう。そんな肌にはぜひ、生体由来配合成分の効果を一度試してもらいたい。各メーカーでは最近はこれらの生体由来配合成分をブレンドして、ひとつのネーミングをつけて表示しているようだ。購入の際には店頭で配合の内容を聞き、確認すべきだろう。

エステティックサロンに行くと、コラーゲンとかスクワランなど生体由来配合成分のもの、もしくはそれに近い純度のものを使ってマッサージするので、急速に肌は回復してくる。エステティックサロンに通える人は、10日に1回か月に1回通って、肌の状態がよくなったら、自分流で取り組むといいだろう。

ホームケアで使うスキンケアは、美容液を1本持っていてほしい。各メーカーは美容液にことさら力を入れているので、よいものが商品化されている。自分の肌に合ったもので、1年通して使えるのが選択の条件である。ローションや乳液、クリームなどは、前述したように春夏、秋冬に分けることをおすすめする。そしてパックとマッサージ。これは最低週に1回は行なう。要するに、今までやっていなかったことにプラスアルファしていくということで、これを1年間続けてみる。すると、かなりの割合で若さの回復が期待できる。

どこそこのメーカーのこの商品を使えとか、特定のエステティックサロンへ通えという話ではなく、自分がまず若返りへのしっかりした目的を持ち、自分の肌質に合った方法論を決めて頑張れば、肌はしっかりそれに応え、10歳くらいは楽に若返ってくれるものだ。

マッサージとパックにはこれだけの効果が

マッサージやパックが肌によいことは女性ならだれもが知っている。ところが、定期的に実行に移している人は少ないもの。年のわりに肌が白くてツルツルしている女性は、他人には言わなくても定期的にマッサージやパックを励んでいたり、エステに通ったりしているものだ。

今やほとんどの女性がローションや乳液をつけているにもかかわらず、マッサージやパックとなるとその使用率・利用率はガタ落ちする。大事なのは、週に1度でいいから、マッサージやパックも、毎日のローションや乳液と同じように習慣づけるということ。マッサージやパックをするということは物理的な効果はもちろんだが、おのずと時間をかけるため、その実行中の時間の流れそのものがリラックス効果をもたらすことにある。ゆったりとした気分で脳の働きもよくなり、自律神経を刺激して体全体のバランスを保つという好循環が生まれる。その副産物を考えても、〈週1マッサージ&パック〉はおすすめだ。

まずパックである。パックは、老廃物や古い角質を取り除くのが主な目的である。またほかに、保温パックというものもある。エステティックサロンなどで使用されているパラフィンパックを応用して、保湿成分を配合し、肌を潤わせるものである。さらにホワイトニングのパックも存在する。こちらは汚れを取り去るパックに、メラニン色素を還元させる成分を配合したもの。以上、大きく分けて3種類のパックがある。内訳としては、汚れ取りパックとホワイトニングのパックが、全出荷量の90%を占めている。

パックをしたあとの肌は、老廃物や古い角質が取れた状態なので、皮膚呼吸も盛んになり、新陳代謝が活発になる。ということは、肌本来の潤いも出てきて、つやつやしっとりとするというわけだ。

さて、パックの方法だが、以前は剥《は》がすタイプのものが主流だったが、今は洗い流すものがほとんどだ。これは汚れを落とすことを目的としたものが多くなったからである。肌への負担も軽く、だれでも気軽に使えるということだろう。

パックをする環境には、とにかくゆっくりとした気分になれる場所と時間が必要となる。お風呂のなかでパックしながら体を洗ったりするのはたしかに合理的だが、週に1度の貴重なパックタイム、バスタイムと一緒にするのはあまり賛成できない。それぞれ別にして、ゆったりした気持ちで臨んでほしいと思う。パックを塗っているあいだはせいぜい5分程度。その5分間は体をリラックスさせ、クラシック音楽でも聴いて瞑想《めいそう》にふけるくらいの気分でありたい。そうすれば、肌に対する物理的な効果だけでなく、脳に対してもよい効果を与えるだろう。

次にマッサージである。マッサージには2つの大きな目的がある。ひとつは物理的刺激によって血行を促進させるということ。もうひとつは、使用するオイルやクリームに配合された成分によって肌表面に潤いやツヤを与えるということ。マッサージをする時期としては8月の末ごろから2月いっぱいまでがいいだろう。8月末というのは夏の日焼けによるダメージ、そして空気が急に乾きはじめるころだ。刺激によって血行を促進し、マッサージクリームの配合成分で、ツヤとハリを回復させる（イラスト参照）。

また、春から夏の終わりにかけてはホワイトニングマッサージがある。ホワイトニング効果のある成分が配合されたマッサージクリームを使って、色黒やシミ、ソバカスを防止

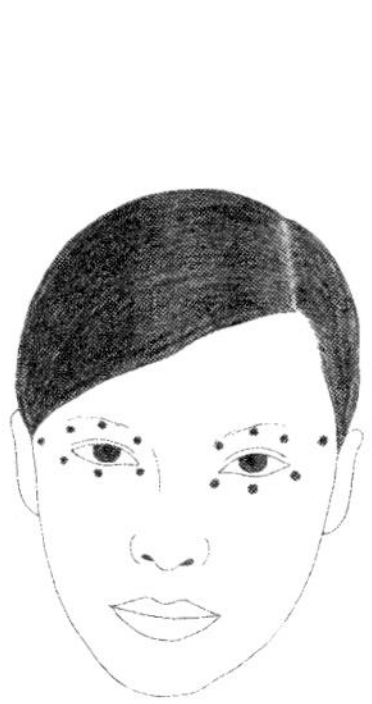

指圧
目の周りは眼球をかこむように、骨の少し内側、こめかみから始まり、こめかみで終わる

マッサージ
中指と薬指を使って、矢印の方向に軽くマッサージする

する。色黒やシミは肌の脂の日焼けや酸化が原因だが、ホワイトニングクリームを脂っぽくなる季節に使用することで、くすみをなくし、白い肌を取り戻す効果があるわけだ。ホワイトニングマッサージは回数も月に2回程度でいいし、タッチも軽くでよい。秋冬は週に1回、ゆったりした気分で時間をかけて手入れをしよう。

パックとマッサージをするときの注意だが、健康な肌であれば、マッサージをしてから続けてパックをしてもかまわない。しかし、敏感肌やトラブルの起こりやすい人は日を改めて、パックの日、マッサージの日と分けたほうが肌に負担がかからない。

また、パックしたあとは、ローションや乳液などスキンケアでフォローしなければならない。なぜなら、パックによって肌を覆《おお》っていた老廃物などが取り去られるわけだから、肌は無防備状態となる。だからそのままにしておかないで、保護するものをきちんとつけておこう。また、マッサージは物理的刺激を与えるので、マッサージオイルやクリームはすべりのよいものを選ぼう。自分で使ってみて、自分に合ったすべりのものを使用することがポイントだ。マッサージをする部分だが、顔だけではなく、首から鎖骨《さこつ》のところまでカバーするのがベスト。首には年齢が出るとよく言われるように、見逃すことはできない。

パックとマッサージは、高価な化粧品を毎日つけるよりも即効性があり、時間をかける分、脳を刺激し、肌だけではなく、体全体にいい影響を与え、精神を安定させてくれる。気持ちが不安定だったり、ストレスがたまっているようなときはパックとマッサージを行なう、というのも、精神衛生上よい効果をもたらすだろう。また、マッサージやパックをしない日は、ローションや乳液を首までしっかりつけておくことが肝腎。「年齢は首に出る」と言われているよ。

紫外線防止と美白、医薬部外品とはどんなものか

紫外線防止と美白については、読者のほとんどの人が知識を持っていて、きちんとした対策をしていることだろう。ここでもう一度、整理してみよう。

人間にとって、紫外線はまったく不必要だというわけではない。体に必要なカルシウムの吸収を助けるビタミンDを生

成してくれるのが紫外線だ。ところがこの紫外線、あたりすぎると肌表面を傷めるばかりか、真皮層の活性をつかさどる機能まで破壊してしまい、最終的には回復不可能な状態にまでしてしまう——という厄介《やっかい》な代物。さらに追い打ちをかけているのがオゾン層の破壊による強い紫外線（本来はオゾン層によって強い紫外線は地表には届かなかった）の侵入である。紫外線はA波、B波、C波とあるが、とくにC波が肌を傷め、皮膚ガンの原因と言われている。体にとって紫外線は必要だが、その照射量というのは1日わずか10分〜20分でよいとされている。ということは、ことさら陽光にあたる必要はなく、通勤や通学、買い物などで戸外へ出るだけで十分だということだ。

問題は、環境破壊によって強くなってしまった紫外線だが、30年前の紫外線の強さと比べると真夏の海岸では3倍くらい、強さが違うということだ。若い人たちは夏になると、海に行くけれども、前にも述べたように、海水が肌によいかわりに、海での紫外線は海面の照り返しもあって、都会でのそれとは比較にならないほど強い。だから素肌のまま日焼けをすれば、肌の真皮層まで入りこんで、肌の活性化に必要な組織、コラーゲン、エラスチン、ムコ多糖類までも傷つけてしまう。そのために、海に出るとき、ゴルフをするときは、かならずUV製品を使って保護をしないと取り返しのつかないことになってしまう。

また、日焼けをしても美白ケアをすればよいというわけではない。日にあたることによって日焼けするのは、一種の免疫作用である。紫外線を浴びた肌は真皮層《しんぴそう》までも傷ませないために、表面でメラニン色素が活性化されて、色素沈着になる。色素沈着した表皮がそのあとの紫外線をカットしてくれて、真皮層を守ってくれているのだ。これが日焼けという現象の正体である。だから日焼けをそのままにしておくと、増殖したメラニン色素がそのまま沈着し、色が黒くなったり、シミ、ソバカスとして残ってしまう。同時に、長いあいだ紫外線を浴びると、真皮層の細胞も破壊されてくる。それこそ回復不可能な状態となり、いつまでもシミが残るというわけだ。だからなおさら、日焼けしたあとのホワイトニングよりも、日に焼く前のプロテクトが最重要となってくる。

プロテクトといえば、サンスクリーン商品。機能性の高い商品が各メーカーからどんどん出ている。海辺やゴルフ場などよく日焼けする場所では、サンスクリーンのファンデーションを使う前にホワイトニングのスキンケアで下地を整えてから、UVカットの効果のあるものを使ったほうがいい。また、UVカット指数の高い日焼け止めをファンデーションの下につけることでダブルのプロテクトとなる。腕や足、ボディにも日焼け止めをきちんとつけよう。そして炎天下ではパラソルの下にいるようにする、ツバの広い帽子をかぶる、紫外線は目にもよくないのでサングラスをかける——などのプロテクトすることが重要。

赤く日焼けした肌は軽い炎症を起こしているので、帰宅したらまず、炎症止めのローションを使う。肌が落ち着いたのを確認してから、後日、ホワイトニングのスキンケアを使う。そこで注意したいのが次の点だ。UVカットのファンデーションや日焼け止めは機能性が高く効果もあるが、それだけ肌への負担がかかる。最近の商品は肌にやさしく調製されているものの、UVカット剤はどうしても密封性、刺激性が強いため、肌へ負担をかける。そこで帰宅後は、すぐにクレンジング、洗顔をして、取り去りたい。その証拠に、敏感肌の人はUVカットの商品が合わずにトラブルを起こすケースが多い。

ポイントは炎天下、外に出るときはしっかりプロテクトをし、帰宅後はただちにそのサンスクリーン、ファンデーションや手足につけた日焼け止めを落とすということ。

次にホワイトニング、いわゆる美白化粧品だが、これには「薬用」とか「医薬部外品」という表示がよくされている。これは簡単に言えば、化粧品ではあるけれど、限りなく医薬品に近い効果があります、ということ。その裏づけとして、美白のための添加成分、たとえばプラセンター、ビタミンC、とくに水溶性ビタミンC誘導体、これはビタミンCのなかでもとくに美白効果が高い。また植物性のものでソウハクヒ、甘草エキス、コウジ酸、などは、どれが一番とは言えないが、それぞれ高い効力を示す。

なぜ美白商品に「医薬部外品」の表示されているかというと、化粧品よりも効果が高いということなのだが、化粧品は厚生労働省の認可を経てつくられる。メーカーがローションを発売するには、薬事法で制限された成分以外でつくれば問題はない。ところが医薬部外品となると、内容成分まで厚生労働省がチェックし、実際に効果があるか確認作業をし、その後はじめて製造発売の許可を与えることになるのである。さらに、ビタミンCであれば「何%以上何%以下」の配合になっていなければならないとか、内容成分によっては配合量まで決められている。だから「薬用」とか「医薬部外品」の表示されているものは、効果がより期待できると思っていい。1年を通してホワイトニングをするわけだから、穏やかな効果のホワイトニング商品を基本として、日焼け後や集中的に美白をしたいときに医薬部外品の商品を使うといいだろう。

寝る前の1滴がモノを言う

寝る前の1滴が翌日の肌の状態を変えます——などと言うと、まるでどこかのメーカーの宣伝文句のようだが、まさに本当の話である。秋から冬にかけての乾燥時期は、思っている以上に肌の乾燥が激しい。そしてとくに夜は無防備になりすぎる。日中はファンデーションで外気から乾燥を防ぎ、帰宅後はスキンケアで保護をする。しかし、考えてみれば睡眠中は、乾燥した室内で6〜

8時間も素肌をさらけ出しているわけである。入浴後に簡単なスキンケアで終わらせていたら、それこそ朝までの保護が足りなくなってしまう。そこで寝る前に1滴の美容液、またはクリームを、もう一度重ねてつけておくことが睡眠中の肌を守ってくれることになり、翌朝、しっとり感が得られるのである。毎日ちゃんとスキンケアをしているのにどうも乾燥してしまうという女性には、こうしたフォローのケアをおすすめする。なにしろ1日の3分の1は素肌をさらけ出しているわけなのだから。

大きな差がつく手足の手入れ

手の荒れや足のカサつきに悩んでいる女性は多い。とくに足は見えないところだけに、かかとが固くなったり、足の裏や指先の角質が厚くなっていたりする。ほとんどは手入れ不足が原因である。女性の場合、どうしても炊事や水仕事が多いだけに、手の荒れはだれもが悩む点だ。また最近は神経質な人が増えたせいか、ちょっとしたことで石けんで洗う、しかも殺菌力の強いハンドソープで洗う女性が多くなっている。これでは手の自然な潤いまでも取り去られ、たしかに無菌状態ではあろうが、逆につねに無防備状態になってしまうということになる。手は人目につくところであり、いろいろなモノをさわったり、つかんだりするため、たしかにきれいに清潔にしておくに越したことはない。だが、過剰なまでの洗いすぎはいかがなものかと思う。

そして手と足先の手入れ、これは定期的に行なうのが理想である。水仕事のあとのハンドクリームだけでは秋冬の手荒れには追いつかないと思ったほうがいい。油性のクリームでハンドマッサージをし、綿の手袋をして寝る。これがとにかく、週1回でも効果はバツグンの方法だ。足先も同じ油性のクリームでフットマッサージをする。同時にすればより効果的だ。

まず足先。多くの場合、かかとの部分が固くなっている。歩くことの多い人や立ち仕事、ヒールを常に履いている女性はとくに固くなる。

まずは柔らかくすること。湯船につかり、固くなった角質を柔らかくする。次にかかとをブラシやスポンジでこする。軽石で無理やりこするよりも、毎日コツコツこするほうが肌を傷めずに効果的だ。お風呂から出たら、フットマッサージ。使用するクリームは春夏ではデイクリームや水分の多いモイスチャークリーム、秋冬では油性のナイトクリームなど。それらをまず手の平に取り、よくなじませ、最初に膝小僧からマッサージする。お皿に円を描くようにマッサージをし、膝下へクリームをのばしていく。このとき、筋肉に沿って親指で指圧をしていくとより効果的。そして足首のところにきたら、内くるぶしのあたり、このあたりは女性に効くツボが集中しているので指圧をするとよい。さらにアキレス腱を親指と人差指ではさむようにしてマッサージをする。これによって足先への血行がよくなる。

あとは、かかと。クリームをたっぷりつけて、親指で押すようにしながらクリームをなじませていく。かかと全体を手の平でマッサージする。そのまま足先まで移動していき、足の指に来たら、親指から1本1本ひっぱるようにしてクリームをすりこんでいく。足の甲はクリームを軽くなじませて、手の平で軽くマッサージする。そのあと、手の人さし指から小指までを足の指のあいだに置き、指圧をしながら足首まで移動する。こうして骨と骨のあいだを刺激し、足の血行をよくする。皮膚の表面だけをマッサージするのではなく、筋肉や骨と骨のあいだを刺激することで代謝を促《うなが》し、血行をよくし、固くなったかかとも無理なくきれいになっていくのだ。

次に手のマッサージについて。クリームを手にのばし、手首の脈を取る箇所を軽く指圧しながらマッサージをする。これは手への動脈を刺激して血行をよくする。次に親指の付け根にあるふくらみ——母指球というが、ここには筋肉がたくさん集まっていて、作業をするとき、もっとも使う場所である。そこを親指で押しながらマッサージする。そして小指の付け根から手首にいたるふくらみ——小指球、ここにも筋肉が集まっている。小指球も親指で指圧をしながらマッサージする。

指は1本1本マッサージする。これは片方の親指と人差指で、もう片方の指を円を描くように、1本1本、指先に向かってマッサージする。ここで重要なのは爪の部分。エナメルや水仕事などで乾燥し、傷んでいる部分だ。爪の付け根のところから爪先に向かって、クリームをよくすりこむ感じで円を描くようマッサージ。

さらには手の甲。まず、指の付け根のあいだを指圧する。次に手の甲を円を描くようにマッサージする。最後に、親指と人差指のあいだを手首に向かって指を滑らせていくと、ちょうど親指の骨と人差指の骨がV字の形でぶつかるところがある。そこを親指で強く押す。ここは「合谷《ごうこく》」といい、体全体のバランスや目によいツボとされている。

手足のマッサージは週1回を目標にやってみよう。手足がスベスベするだけでなく、血行促進になり、冷えを予防する。また、冬はハンドクリームぐらいでは間に合わないので、クリームは油性のものを選んでみよう。

V章 メイクアップ——自分を演出するマジック

ファンデーションは、タイプ別に数アイテムはそろえておきたい。化粧品のアイテムのなかでファンデーションほど、この数十年間で進歩したものはない。毎シーズン各社とも、新製品を数多くリリースしていく。これはファンデーションがいかに多くの女性たちに使われ、目的別、用途別に使いこなされているかという証明だ。

ファンデーション、その機能と賢い選び方

ファンデーションの目的は大きく2つに分けられる。ひとつは素肌を生かしながら欠点をカバーし、きれいな肌色を創り出していくこと。もうひとつは、日焼けや外気の汚れなどから肌を守るプロテクトの役目。そこでファンデーションに求められる機能には次のようなものがある。まず、〈型崩れしないこと〉〈色がくすんでこないこと〉〈だれでもが簡

単につけられるということ〉。最後に、〈肌に負担をかけないこと〉。これらの機能性を高めるために各社、研究を重ね、開発の努力を続けているということなのだ。

今、市場にはさまざまなファンデーションがあふれていて、タイプ別にすると、8種類くらいになる。

①リキッドタイプ
②クリームタイプ
③スティックタイプ
④パウダータイプ
⑤春夏用のケーキタイプ……最近は2ウェイタイプ（水ありと水なし）が主流
⑥秋冬用のパウダリーファンデーション
⑦ウォーターファンデーション（水おしろい）
⑧コンシーラ（シミ隠し）

これらのファンデーションを、肌のタイプや季節、好みによって使いこなしていくわけだ。友達がいいと言ったファンデでも自分には合わないとか、またその逆によくなじむとか、いろいろあったりで、ファンデーションこそ自ら試してみて、気に入るものを見つけることが最重要だ。

　また最近は、どこのメーカーのファンデーションでも、だれでも簡単にピタッとつくように開発されている。同じタイプのファンデーションでもメーカーによって、多少とも成分の違いや色の違いがある。自分に合ったものを見つけることがとにかく大事。

　次いで、そろえたいファンデーションについて。春夏用は、リキッドタイプと両用タイプ（水あり、水なしのケーキタイプ）が主流となっている。リキッドタイプのファンデーションは以前より、型崩れ（化粧崩れ）もなくなり、素肌に近い仕上がりで人気を呼んでいる。このタイプのファンデーションの場合、スポンジパフに適量をのせ（または指でのばし）、肌全体に薄くのばして、粉おしろいをはたいて仕上げる。そして、戸外へ出るとき、スポーツするときは、両用タイプのファンデーションや水専用のケーキタイプがおすすめ。また、リキッドタイプの上から両用タイプを水なしで、粉おしろいのかわりにつけるのもいいアイデアだろう。

　次に秋冬について。これもリキッドタイプが主流。年配の方で乾燥して困るという女性は、クリームタイプがおすすめ。クリームタイプも仕上げに粉おしろいをはたく。素肌が生かされてきれいな仕上がりになるので人気もある。よく使われるものにクリーミータイプのパウダリーファンデーションがある。各社ともオリジナルな機能性をうたい文句に販売している。

ファンデーションを使う前の専用ベースクリームは、ファンデーションのフィット感を増し、型崩れを防ぎ、より機能を高めてくれる。それゆえ、ファンデーション専用ベースを使うことをおすすめする。

ファンデーションの機能——リキッドファンデーションをつけて粉おしろいで仕上げるのは素肌を生かした自然なメイクであり、メイクアップの基本だ。コンパクトタイプのケーキファンデーションなどは手軽で簡単に使えて、カバー力がある。ただリキッドタイプに比べて、その分、厚化粧とはいわないが、しっかりとした仕上がりとなり、肌への負担も多少はかかってくる。

1年を通して使えるファンデーションも出てはいるけれど、できれば春夏用、秋冬用、オフィス用、アウトドア用……ぐらいはそろえておきたい。肌の細かいトラブルをきれいに隠して、きれいに仕上げる。また型崩れしない、色がくすまない、素早く簡単にだれでもつけられる——という機能を見据えて、ファンデーションは選んでほしい。

メイクが好きな人は健康なのだ

メイクをするのは、外出時のエチケットというだけにとどまらず、女性にとってひとつの楽しみでもあり、自分をきれいに演出していくマジックのようなものでもある。ノーメイクの状態からメイクをしていくと、きれいに仕上がるだけではなく、例えば仕事に行くのであれば、心もビジネス用に切り替わっていくという経験を読者もされていると思う。こうしたメイクによる心の切り替え現象は、副産物として脳にも刺激を与え、活性化すると言われている。老人でもメイクをしているとボケにくい、と言われているほどである。脳卒中などで後遺症の残った女性でも、リハビリにメイクをすることによって気持ちが楽しくなり、脳の中枢、神経に刺激を与えてくれるというわけだ。

ときにメイクをするのが面倒だと言って何もしない女性もいるけれど、できれば考え直したほうがいい。むしろ女性の特権を自ら捨ててしまうようなものだから。口紅の色ひとつをとってみても、何百色に近いなかから四季に合わせたり、目的に合わせたり、自分の好みを見つけ出すだすという行為、そしてその日の気分によって色を選別する……ということの素晴らしさ！　それはアイシャドウやファンデーションでも同様だ。そうこうして仕上げていくうちに心まで引き締まってくる思いがする。こんな心躍る楽しい時間はないだろう。メイクアップをただのエチケットや義務行為に終わらせず、自分でメイクアップすることがひとつの大きな生きがいになるということを強調しておきたい。

アイメイクにはこだわりが必要

メイクアップの上手、下手はアイメイクの仕上がりでわかる。これはメイクなどしたことのない男性でもなんとなくわかることだ。メイク慣れしていない女性はアイメイクがどうも今ひとつになってしまうのである。慣れた女性はＴＰＯに合わせて、アイメイクをしているもの。

アイメイクや口紅などは流行があって、その年の色使いや塗り方などでさまざまに変わってくる。ここでは基本の配色、オーソドックスなものを紹介したい。

アイメイクのその１は「アイブロウ」。これは眉毛のメイクアップのこと。眉毛の細さ、太さというものは時代によって流行が繰り返される。ご承知のように、その時どきに合わせて細いか太いかは決められていく。

ただ言えることは、どんな傾向のときでも眉毛の手入れはきちんとして、整えておくということ。メイクアップにあまり興味のない女性、上手でない女性は、ファンデーションと口紅はきちんとつけているけれど、眉毛はそのままで、手入れをほとんどしていないという人が多い。

　基本は、描きたい眉形の輪郭の外側——むだ毛——を自分で毛抜きを使い、抜いておくことである。実はこれ、慣れないとけっこう難しいものだ。だから最初はお店に行って美容部員に整えてもらい、コツを教えてもらうといい。太い眉が流行っていても手入れは怠らないこと。まばらに生えている女性は、眉毛の専用育毛剤なども販売されているのでチェックしてみるのもいいだろう。

　次いでアイシャドウ。基本的にはアイシャドウの入れ方は最低3色を使うこと。ハイライトを入れれば4色になる。もちろん5色、6色と使ってもいいわけで、それだけの色を使っても仕上がりが自然であるということが肝腎である。意外に思うかもしれないが、実は単色使いのほうが「塗りました」というような仕上がりになりやすいのだ。3色使いはそれぞれの境界線をぼかしていくことでグラデーションをつくり、逆に自然な陰影となって、魅力的な目元を演出するというわけだ。

　そして3色の色の選び方は、これこそTPOに合わせる

●アイシャドウの基本的な入れ方

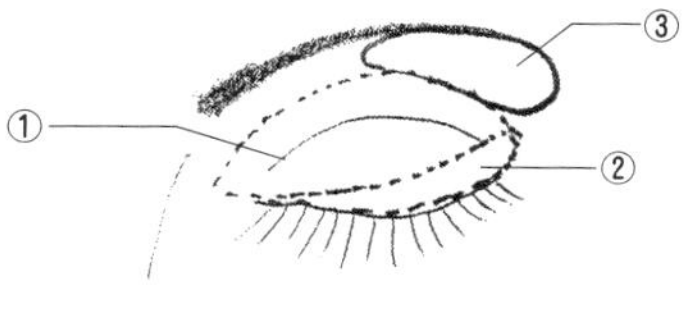

①**ベースカラー**：まぶたの眼球のくぼみ全体
②**アクセントカラー**：目のまつ毛のきわ
③**ハイライトカラー**：眉の下、骨の高いところ

ことが基準である。オフィス用、アフターファイブ用、アウトドア用といった具合に色使いを変えてみる。

ナチュラルなアイシャドウの入れ方を40代、50代の女性たちにはぜひ習得してもらいたい。というのは、かつて自分が若かったときのアイシャドウの色使いや入れ方でこれまでずっと通している女性たちがいささか多すぎるからだ。現在ではかなり不自然に見え、「時代」を感じさせてしまう。

そしてマスカラ。これはメーカーによって多少の差があるので、くれぐれも慎重に選ぶ。今や日本も技術が進歩し、どのメーカーともスキンケアにしろファンデーションにしろ、それほどの差がなくなってきている。もちろん外国のメーカーにも劣らない。ただ、マスカラだけはメーカーによってよし悪しがあるようである。というのは、私が以前マスカラの商品開発をしたとき、評判のいいマスカラを購入し、同じモノをつくろうとしたことがあるのだが、結局できなかったという苦労の経験があるのである。マスカラだけはメーカーのビッグネームに惑《まど》わされず、評価の高いものを選ぶことである。

マスカラには2つのタイプがある。ひとつは繊維質の入ったもので、まつ毛の1本1本にボリュームを持たせ、目をぱっちり見せるというもの。もうひとつは自然に薄くついて、まつ毛を上に持ちあげるだけのもの。なかには薄くつくタイプのものを購入して、ぜんぜんマスカラがつかない！　などと文句を言う人もいたくらいで、使用目的別にタイプが違うからよく選ぶこと。

本書でおすすめしたいのは、メイベリンのダイヤルマスカラである。これは簡単に調節できることと、落ちにくさ、使いやすさがいい。値段もお手ごろである。価格は少々高いが、ランコム、シャネル、ディオールは買っても間違いはないだろう。国産メーカーではコーセーとアルビオン、そして資生堂。とはいえ、どのメーカーも各種のマスカラをそろえているので、店頭での説明を判断材料にしてもよい。

さて、アイラインである。アイラインというと、目のまわりにリキッドアイライナーで黒い線を引くと思いがちだが、いまどきそういう入れ方はしない。アイラインはマスカラとセットで入れるといいのである。ひとつ間違うと、いわゆるパンダの目のようになってしまいかねない。ボリュームをつけたマスカラは、リキッドタイプのアイラインで目元を強調することができる。薄づきタイプや透明マスカラは、ペンシルタイプのアイラインやアイシャドウをチップの先で線のように入れると、自然な目元ができる。

最近は、手入れされた眉毛、涼しげで自然な目元というのが基本とされている。自分でうまくできないときは店頭へ行って、まず基本を教えてもらうのは、何度も述べてきている基礎技術習得のための秘策、それから自分流を発見していくのが望ましい。

リップメイクが上手な人は機能性にこだわる

ポイントメイクのもうひとつはいわずと知れたリップ、口紅だ。リップメイクの前に整えておきたいのはむろん唇。秋冬の乾燥した時期になるとどうしても口唇が乾き、カサカサしてしまう人はまず、口紅の下にリップクリームをつけたり、またはモイスチャータイプの口紅を、さらに仕上げにグロスをつけると予防になる。

口紅を落とすときは、しっかりとクレンジングすること。口唇のシワに残った口紅の色素は翌日の荒れを引き起こす。これが意外とできている女性が少ないのである。ご承知のように、なめて取れるような口紅はない。目に見えない色素が残っているもの。しっかり落とそう。そして、口唇の輪郭や口角を軽く螺旋《らせん》を描くようにマッサージする。寝る前にはリップクリームをつけて、就寝中の乾燥から口唇を守る。口紅の色やつきのよし悪しは、口唇が整っているかどうかでそうとう違ってくるのである。

さてそして、口紅をつける——。口紅はスティックタイプのものがよいと思う。リキッドタイプや練りタイプ、筆ペンタイプなど多様だが、発色や落ちにくさなどを考えるとやはり王道のスティックタイプが一番。選ぶときには実際につけてみないとわからないのが口紅である。よく手の甲につけて色やツヤを見ている光景を目にするが、あれはあくまでも参考のためであって、自分の肌の色や口唇の色素などで、実際つけてみるとイメージと違うということがよくある。

すぐれた口紅とは、つけたときに見たときのままの発色であるということにつきる。さらにその色が長時間にわたって持続する——。次いでにじまないこと。そして口唇にフィットし、しっとりとマット感覚で色落ちしないものがよいとされている。

発色のよい口紅は、やたらテカテカして感触はなめらかだが、にじみやすく落ちやすいということもある。また反対に、にじまなくてフィットするのに発色に乏しかったり、長時間つけていると乾燥してきたりするものもある。人それぞれ好みがあるので、どれが最良とは言えないが、各メーカーにおいて口紅は必須アイテム。価格帯を違えて、いくつかのラインを出してきている。選ぶほうとしてはとにかく数がありすぎて迷ってしまうところだが、逆に言えば、自分に合う口紅がかならずあるということでもある。発色がよく、色持ちもよく、にじまずに、フィットし、口唇の荒れを防ぎ——といったわがままな要求に各メーカーは応えようとしている。自分に合ったものを探すには、季節でタイプを変えてみるといい。同じタイプの口紅で、季節によって色だけを変えたり、気に入っているからといって1年じゅう同じものだったりする女性も数多い。そうすると、春夏にピタッとフィットしても秋冬になると乾燥してきたり、その反対に秋冬はしっとりしていて調子よくても、夏になるとベタベタと暑苦しい感じがしたりもするケースが出てくる。だから口紅も、春夏用と秋冬用でタイプを変えることをおすすめする。春夏用は発色がよく、色落ちせず、くすまないものがよい。秋冬用はモイスチャータイプでしっとり感があり、口唇を保護してくれるものがよい。

スキンケアにはトラブルがない女性でも、口紅でトラブルを起こす人がけっこういるものだ。口唇は皮膚が薄く、粘膜に近い敏感なところだけに、色だけで口紅を選ぼうとすると失敗する。そんな人は表示成分を見るといい。添加物などを明記する表示成分が少ないほうが（ないほうが）、口唇に負担をかけないもの。肌、唇などにトラブルを起こす可能性のある成分は「表示成分」として表示が法律で義務づけられている。口紅の場合は、発色をよくするものや塗ったときのなめらかな感触、落ちにくくするもの、などなどに表示成分が含まれている。もちろん、表示成分が多くてもトラブルの起きない人は問題ないのだが、トラブルを起こす女性は自分の判断で、できるだけ表示成分の少ないものを選ぶことをすすめる。

そして、色について。これは系統で分けることができる。レッド系、ローズ系、ピンク系、ワイン系、ベージュ系、オレンジ系、その他、という分類なので、覚えてしまってもよい。いつの時代でも共通しているのがレッド系、ローズ系、ピンク系だ。基本中の基本であるレッド系――いわゆる深紅の口紅をつけてメイクができていれば、これはもう一流、プロ並みといってよい。ピンク系は幅が広く、各メーカーが毎年少しずつ違ったピンク系を出している。色のなかではいちばん豊富な色合いである。

そんななかで、自分に合ったレッド系、ピンク系を探すのは楽しいものだ。そして微妙な色の感覚で洗練されているのがヨーロッパの口紅、とくにフランスの会社の製品はさすがに感覚的にすぐれている。もちろん、日本製にもいいものはたくさんあるのだけれど、ちょっと違ったニュアンスの色でいうと、フランスものにはかなわないのではないかと思われる。

色を選ぶときは、かならず店頭でテスターを使って実際につけてみること。店頭に行くということはむろん外出中であるから、口紅をつけている状態だろう。わざわざ取ってから塗り直すのは面倒だ、と思わずに、本当に気に入った色を探すのであれば、実際につけてみるほかにない。店で見たときと家に帰ってからつけてみたときで色味が違うなんていう話はよく聞くことである。

そして口紅をつけるときは、リップブラシを使う習慣を身につけたい。口紅こそ丁寧《ていねい》にラインがくっきりと描かれていることが求められ、洗練されたメイクを印象づけるものだ。ブラシの毛の材質はポニーがよく使われている。だが、こしがあって、使いやすいものにイタチやミンクもある。これらがリップブラシには最適。毛にこしがあるとラインを描くときブレない。ブレなければきれいな線が描ける。こしがないと曲がってしまい、補正していくうちに口唇が大きくなってしまう。1度でピタッと描くには、こしがあるリップブラシを選ぶこと。

朝つけた口紅のままで1日をすごす女性はまずいないと思うが、食事をしたり、しゃべったりしているうちに口紅がはげてきたり、リップラインがにじんでいたりするもの。口元の乱れはとても目立ち、だらしなく見えるものだ。かならず鏡でチェックして、塗り直す習慣をつけてほしい。

最後に、メイク知識のひとつとして知っておいてもらいたいのが、落ちにくい口紅やUVカット製品、発色のよいものは、どうしても口唇に負担をかけてしまうということ。落ちにくくするための成分やUVカットの成分などは、そうした両義性を持っていることを認識しておくべきだ。唇の荒れやすい人はオーソドックスな口紅を使うといい。

意外と難しいオーソドックスできれいなメイク

メイクアップパターンは、毎年、春夏、秋冬と流行があり、そうした流行に敏感な女性は新色や色の入れ方など、最新の情報を習得していく。気がつくと、歩いている女性がみんな同じメイクだったりする。だが、流行をいちはやく身につけ、先端を行っている女性たちでも、オーソドックスでナチュラルなメイクと言われると意外と難しく、できないということになるのである。

オーソドックスなメイクには2つのパターンがある（イラスト参照）。ひとつはオーソドックスな、いわゆるナチュラルメイク。もうひとつはオーソドックスな、しっかりメイクである（例えばパーティーメイク）。オフィスではオーソドックスなナチュラルメイクが適しているのは言うまでもない。だが、流行に走りすぎているOLを見かけることがある。意外とナチュラルメイクは難しいのだ。ひとつには、スチュワーデスのメイクを参考にするとよいだろう。仕事用であり、接待用であるスチュワーデスメイクは、しっかりしているもののオーソドックスなナチュラル派だ。各航空会社のカラーも出ていて、今度、飛行機に搭乗したら、彼女たちのメイクアップを参考にしてもらいたい。

●ナチュラルメイクとしっかりメイクの相違

【しっかりメイク】

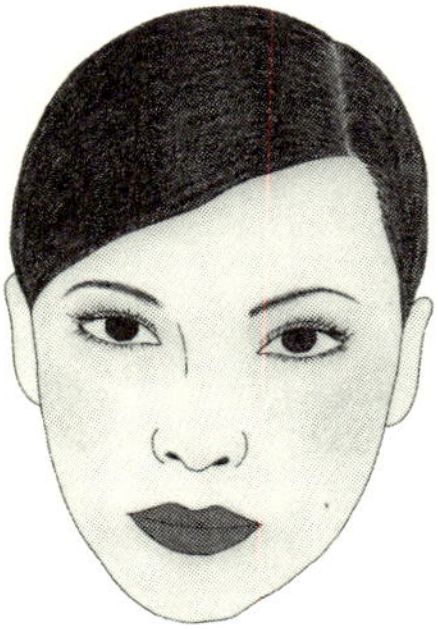

●ファンデーション
肌色より一段明るめの色
(コンパクトタイプのファンデーション)
●アイブロウ
眉山をつくり、やや細めで長め
●アイシャドウ
ベースは光るイエロー
ハイライトは光るホワイト
アクセントは鮮やかな水色
●アイラインはリキッドタイプ
●マスカラはボリュームのでるタイプ
●ほほ紅
きれいなローズ系
●口紅
はなやかなローズ系

【ナチュラルメイク】

●ファンデーション
肌色に近い自然色
(リキッドファンデーション+おしろい)
●アイブロウ
自然な弓なりの形
●アイシャドウ
ベースは薄いブラウン
ハイライトは光らない肌色
アクセントは濃いブラウン
●アイラインは無し
●マスカラは透明タイプ
●ほほ紅
自然なオレンジ系
●口紅
口唇の色素に近い滋味なレッド系

マニキュアで手先の洗練度がこれだけ違う

指先は女性にとって、とても気になるところ。いつもきれいでいたいものだ。それゆえ、若い女性から年配の女性まで、エナメルをつけている人が多くなったように思われる。エナメルはむろん、汚なくなった爪を隠すためのものではなく、きれいで健康な爪をより際立たせるものでなくてはならない。爪は健康のバロメーター、薄く淡いピンク色の爪の人は、指先まで血行がよい。逆に黄ばんだような爪の人は、エナメルで傷めている可能性もあるが、たいていは血行が悪く、血液が濁《にご》っている。黒ずみがあり、爪自体も透明感がなく、厚みすら出てくる。そういう女性は、エナメルをつけるのはお休みして、食事に注意しよう。野菜や魚介類を中心に、とくに味付けは薄くすること。塩分の摂取《せっしゅ》しすぎは血行を悪くし、毒素を体内にためてしまうので要注意、めぐりめぐって爪に症状が出るのだ。

爪の手入れは、前述したハンドマッサージと一緒にすると合理的で、血行もよくなり、爪にツヤも出てくる。爪のカットは爪きりは使わず、やすりで毎日、軽く整えていく。爪きりは爪の先にヒビを入れてしまうおそれがあり、その結果、二枚爪になったり、途中でむけたりするのだ。毎日やすりをかける習慣を持っていれば、ひっかかりをつくることもなく、常にきれいでいられるのである。

そして、爪にエナメルを塗る作業である。エナメルを塗る前にかならずベースコートをつけよう。爪自体がでこぼこしていると、エナメルをつけてもそこばかりが目立ってしまう。ベースコートをつけることで下地が整って、きれいに塗れ、エナメル自体の本来の色味もよく出る。エナメルもファンデーションと同じで、寝る前にはかならず取ってしまうこと。爪に負担をかけ、傷《いた》めてしまうのを防ぐためだ。

エナメル塗りもメイクアップと同じように日々の習慣であり、トレーニングにもなる。だからこそ、つねにエナメルを塗っている女性は上手に塗りこなせるようになり、手先の洗練度がアップする。エナメルの色は口紅とは違い、職場や職種によっては色の規制があったりするので、そのあたりの常識は念頭に置いておこう。例えば色のコーディネートでも、口紅がローズ系だからエナメルもローズ系で合わせるというのは、オフィスでは少々派手すぎてしまう。そういうときは、爪の色を生かすためにも薄いピンクの透明タイプを使うと自然になる。TPOに合わせて色を選んでいこう。

エナメルの色は口紅とは違って、見た目の色がそのまま表面に出てくるので、セレクトは比較的たやすいと思う。ただ、自分の手の色に合わせることを忘れてはならない。これは大事なので、白い手なのか、日焼けした手なのか、やや地黒なのかなどによって、色の感じが異なって見えるのは言うまでもない。できれば、小指の爪にだけでも実際つけてみてから選ぶのがいいだろう。

ロングヘアは20代まで、その理由は

髪の毛は女性にとって、自分を演出する大きなポイントである。しなやかでツヤのある髪はたいへん魅力的で、ヘアスタイルを変えたりすると、さらにその魅力が引き立つものだ。セミロングで流れるような髪もよし、オフィスではその長い髪をひとつに束ねてシニヨンにするのもまた美しい。だからこそ、本書でここまで学習した肌の手入れやメイクと同様に、ヘアにももっと気を使い、手入れすることで、トータルな魅力がよりいっそうアップするのは間違いない。

髪の毛は、表皮と同じ成分であるケラチンからできている。ということは、肌が健康的できれいな人は髪もきれい、というわけである。肌が疲れてくすんでいる人は、髪にもその影響が及んでいる。それにはまず、食事に気をつけたい。海草を主に摂取すること。海草は鉄分、ヨード、葉緑素など、髪の毛の色素の構成要素を多量に含んでいる。次いで、頭皮を健康に保つこと。頭皮には毛根があり、そこに毛母《もうぼ》細胞がある。毛母細胞の新陳代謝を促すことが大切。そのためには頭皮の血行をよくし、代謝を促進するようなケアを試みる。シャンプーで地肌をきれいにしたら、養毛剤をつけてマッサージし、刺激を与える。

シャンプー剤は泡立ちがよく、指通りのよいものがいい。すすぎのときも、きしまないものを選ぶこと。これは地肌の潤いを取りすぎるものはよくないということであり、髪の毛どうしの摩擦によって髪を傷めないのがポイント。良質のシャンプーは髪の毛を保護しながら、地肌の汚れを落としてくれる。日焼けやパーマで傷めてしまった髪の毛は、まず地肌に養毛剤をつけて血行をよくし、ヘアパックをする。

次にヘアスタイル。ロングヘアやセミロングの女性は、ＴＰＯに合わせてヘアスタイルを変える必要性も出てくるだろう。オフィスではひとつに束ねたり、シニヨンにしたり、フォーマルでは、アップにしたり、編みこんだりといろいろ楽しむことも可能。ただそのつど美容室に行くこともできないので、自分で簡単にできるように日頃から練習をすることが必要だ。ロングヘアの女性がアップにすると、また格別に魅力が醸される。アップや編みこみが上手にできない女性は、美容室でポイントを聞いてみるのもいいだろう。また、リボンや髪飾りなどのさりげない演出もメイクを際立たせるものだ。

ヘアスタイルが変わると、メイクもそれに合わせなければならない。髪がアップできちんとセットしたときはオーソドックスな、しっかりメイクが基本。髪をおろし、普段着っぽいときはナチュラルメイクが基本となる。ヘアスタイルとメイクのバランスをとることが大切だ。

ところで、「ロングヘアは20代まで」と思っていたほうがいい。なぜなら、30歳をすぎると肌に衰えが出てくるように、いくら手入れしても髪の毛に年齢が出るからである。長ければ長いほど、髪の傷みは目立ってしまう。20歳ころのような、「天使の輪」ができるほどツヤのある髪の毛とはいささか質がちがってくるということだ。年齢を重ねていくにつれ、ロングヘアの女性は、セミロング以下のショートヘアにしていくほうが手入れも楽だし、清潔感もある。30代というと、子育てや仕事と家庭の両立などに追われ、髪の手入れをする暇もなかなかとれず、慌しく日々をすごすことも多くなる。せめてシャンプーのあとに養毛剤をつけ、マッサージするだけでも違ってくるので、おすすめしておく。良質な養毛剤でトライしてほしい。

また、ショートにするとパーマをかけたり、年齢的にヘアダイをしたりと、年を重ねていくにつれ、髪を傷めるケースが多くなる。髪の毛自体にはトリートメントやヘアパックをし、食事も海草を多めに摂るようにして、ダメージヘアをケアするように心がけ、いつまでもふさふさで艶のある髪で、5歳、10歳若く見える外見をめざそう。

香りとは化粧品を超えた芸術品である

かなり以前のことだが、「ポアゾン」という香水をクリスチャン・ディオールが発売した。宣伝広告を全面に打ちだし、日本市場にポアゾンブームを巻き起こした。その独特で強烈な香りはとても印象的だったものだ。それこそ地下鉄でポアゾンをつけた女性が入ってきたら、その車両じゅう香水の香りでいっぱいになったものだ。

ところが、このポアゾンが日本に上陸する前、日本の香料会社の専門家の多くが「この香りは日本のマーケットでは受け入れられない」と考えていた。その当時のフレグランス愛用者は自分の香りを持っていたし、知識もあった。香りを楽しむ女性も増えていて、フレグランス市場は右肩上がりだったのである。それまではグリーン系やフローラル系といった柔らかでやさしい香りが日本女性には好まれていた。ポアゾンはフルーティーでオリエンタルな、得も言われぬ香りで、残り香も強かった。フレグランス愛好者には生まれてはじめて出会ったような香りだったろう。そして、専門家の意見とはうらはらに、空前の大ヒット商品が生まれたのである。

これを契機として、香りの系統が変わった。ポアゾンに代表されるようなフローラルでオリエンタルなジャンルが確立され、今でも主流のひとつとなっているのである。

フレグランス選びで大切なのは、やはりTPOに合わせること。オフィスや食事をするときなどは柔らかい香水がいいだろう。昔は他人のつけている香りをいやがる人が多かったが、今はシャンプーにまで香りがついていて、フレグランスシャンプーが流行っているくらいである。香りを楽しむ女性が日本に根づくほど多くなったのだろう。ここ20年で香りの系統もまた変わってきたし、TPOに合わせるといっても、かなり強い香りを好む女性も多くなった。時代とともに大きく変化してきたアイテムといえる。今やアロマテラピーやその教室に足を運ぶ女性も増え、フレグランスもひとつの教養にまでランクアップしているところがある。ましてや香りはその人の印象まで他者に印象づけるアイテムだから、個性の問題ともからみ、なおざりにはできない。

ところで、香料となる原料はフランスの香料メーカー数社が世界の9割を占めている。天然の香料、花や、草木などから取れるエキスや化学的に調合されたエキスなどの原料をつくり、調香師によってそれらが調合され、精油となって輸出される。精油または原料は各国の香料会社へ入り、そこから各化粧品メーカーのフレグランスや化粧品の香りとして使用されることになる。調香師のつくった精油は、フランスではベートーヴェンの交響曲五番「運命」と同じように、芸術的作品の精華として評価されている。なお、日本には調香師は数人しかいないといわれているようだ。

精油を手にした化粧品メーカーは、それをもとに香水やオードトワレをつくる。精油の濃度によって、香水（10％以上）、オードトワレ（5～10％）、オーデコロン（5％以下）とカテゴライズされている。この濃度は香りの持続性にもつながる。最初につけたときの香りがトップノート、時間が少したってから香るのがミドルノート、最後にかすかに残っている香りがラストノート、といわれる。濃度が高ければラストノートまで楽しめるということである。香りはその人の体温や体臭などで、トップノートから微妙に香りを変えていく。それが個性でもあり、楽しみでもあるのだ。

次に香りの選び方。店頭へ行くと、ところ狭しとテスターが置いてある。しかし、人間の香りを嗅ぎ分ける能力は1日に3種類といわれている。だから店頭での短時間で、何種類も嗅ぎ分けようとしても嗅覚が麻痺してしまい、どだい無理な話なのだ。では、どうするか。店頭で選ぶときは3種類まで、と決めてから出かけること。さらには、選んだ香りが自分に合うかという問題が出てくる。なぜなら香りは、自分の体温と体臭によって微妙に変化してしまうからだ。つけたばかりのトップノートは商品そのものの香りがするが、ミドルノート、ラストノートとなると、かなり変わるものもある。また自分自身で感じる香りと他人が感じる香りでは違ってくる。身近な人に、感想を言ってもらうのもいいだろう。自分で感じるには、朝つけた香り、1日が終わって洋服や下着などからほのかに立つ香り、翌朝のベッドで感じる香り、部屋に残っている香りなどが、いやな匂いがしていないかどうかで判断するのがいいだろう。

香りの嗅ぎ方は、香水などのボトルのものはフタをあけて、フタの内側を嗅ぐ。スプレータイプのものは手首の動脈拍動部（脈拍を計測するところ）にふりかけて、嗅いでみる。

フレグランスにも流行がある。だが、フレグランスこそ自分に合ったものを見つけることが大事である。フレグランスは流行やトレンド、ブランドに流されて身につけるものではなく、いかに自分に合ったものを見つけ、それをつけているかがセンスのよし悪しを決める。日本には世界じゅうの香りが集まり、国産メーカーは日本の風土に合った良質の商品を提供している。フレグランスという商品は化粧品のなかでもメーカーの技術と実力が問われ、浮き彫りにされるものではないかと私は考えている。

さて、フレグランスをこれから楽しみたいと思っている初心者の女性は、フランスのメーカーで香水から事業展開した化粧品メーカー、例えばディオール、シャネル、ゲランなどから試してみるのがいいと思う。国産メーカーからは気候風土に合わせた日本独自の香りが発売されている。以前、資生堂が発売し、世界へ進出した香水もある。元来、香りに関しては、古くから和の香り文化を花開かせてきたのが日本であり、日本製の香りもいいものだということを付け加えておきたい。

前述したように、香りはTPOに合わせて最低でも2種類は用意したいもの。ひとつは日中や仕事、オフィスなどでつけるもので、軽いタイプ——グリーン系やグリーンフローラル系などが好感が持てるだろう。そしてここ15年くらいのもの、新しいタイプのもののほうが軽めである。同じ系統であっても重い、軽いがあり、最近発売されているものがより軽く、さわやかな残り香を漂わせる。もうひとつはアフターファイブにつけるもの。それはどうぞ、お好みのものをつけていただきたい。

そして肝腎なのは、香水をつける身体の箇所である。両方の耳たぶの後ろと手首の動脈拍動部、さらにおヘソの1センチ下あたりのところ。仕事のときなどあまりおおっぴらにはつけられないときは、おヘソの下だけにつけておくのも見えないオシャレとしていいだろう。

香りというのはただ楽しむだけでなく、精神的にもよい影響を与えることはよく知られている。香りは鼻から嗅神経を通って、脳の嗅球というところに行き着く。視覚は後頭葉、聴覚は側頭葉がつかさどるが、匂いを感じる最終的な器官は大脳の奥だ。その近くにはものを考える連合野があり、そこに直接作用すると言われている。ものを判断したり記憶したりといった知的活動が行なわれる最重要の部位である。匂いや香りを嗅ぐことによって、思考力や判断力をつかさどる重要な部位に刺激を与えることにもなる。だから香りを楽しむことは脳の正常な判断を促し、落ち着かせ、精神的安定へと働きかけることにもつながっていくのだ。

それでも、香水はきつすぎてどうも苦手、という女性のためには、石けんの香りという製品も出ている。手を洗ったあとのような、風呂あがりのような穏やかな香りである。どんな香りであっても脳に刺激を与えてくれるので、フレグランス生活を楽しんでもらいたい。友人が海外旅行に行ったとお土産で香水をもらった女性も多いだろう。机のひきだしやタンスの隅に置きっぱなしにしないで、ぜひうまく使ってみてほしい。

VI章

化粧品開発者、とっておきの話

第六章では、開発担当者であった私の、とっておきの「化粧品レア話」を集めてアトランダムに公開していきたい。

まずは、日本製品が世界に冠たる第一線の化粧品となっているものは何か――という話から。

日本製が一番のアイテムは？

まず最初にあげられるのがホワイトニングケア商品、いわゆる美白商品である。これは以前は夏用として販売されていたものだが、オゾン層の破壊による紫外線の増大という、近年のエコロジカルな情報の流布によつて、1年を通じて需要が生まれた。保湿効果も兼ね備えて、今や「デイリーケア」として通年、愛用されるまでになった。欧米では白人が対象のため、ホワイトニングというよりも、保湿やシワなど老化予防を目的としたものが主流である。日本は黄色人種だから、「白い肌」にあこがれがあり、展開されてきた。

また、日焼けしやすい環境にも着目し、早いころから各メーカーは美白商品に力を注いでいた。そのため、原料会社のプラセンターやビタミンCといった美白成分の開発に拍車がかかった。この20年、各社から新しい美白成分をうたい文句に充実した商品が出されてきている。水溶性ビタミンC誘導体など、日本の原料会社が発明してきた成分は数知れず。日本の化粧品メーカーのみならず、今や外国のメーカーも日本の原料会社から調達してホワイトニング商品を製造しているのである。とくにビタミンCは日本製のものがほとんどである。というわけで、ホワイトニング商品は日本が得意とするジャンルであり、またそれだけ効果も望まれるということだ。

さらにパウダリーファンデーションも、日本製がナンバーワンである。なにせ、パウダリーファンデーションを開発したのは日本のメーカーなのだ。ファンデーションというとリキッドタイプ、クリームタイプのものをつけて、上から粉おしろいをはたく——というのがお定まりであろう。マックスファクターが開発した、水でつける夏用のケーキタイプは驚きの新製品であった。そのケーキタイプを、水なしで、粉おしろいをはたくことを省く、2つをひとつにしたのが1年じゅう使えるパウダリーファンデーションだ。今使われている水あり水なしタイプや秋冬のクリーミーパウダリータイプはみな、元はと言えば、このパウダリーファンデーションから開発されたものだ。そしてこのパウダリーファンデーションはまたたたくまに定着し、だれでも簡単に使えて、きれいに仕上がることで愛用されつづけている。

外資メーカーも、日本上陸当初はリキッドやクリーミータイプのファンデーションが中心だったが、市場を見て取り、独自のスタイルを取り入れながら日本向けに発売するに至っているわけなのである。また、ヨーロッパでは、粉体が微粒子であるという特徴と日本のパウダリー技術を合体して、かなりいいものも生まれている。外資メーカーのパウダリーファンデーションは本国では需要がなく、ほとんど日本市場のために開発されたものである。日本の技術力は、こんな化粧品分野でも開花していたのである。

1万5000円と1500円、何がどう違うか?

例えばここに、1500円と1万5000円のローションがある。ともに目的は同じ、保湿である。配合成分もヒアルロン酸、グリチルリチン酸、コラーゲンなど同じものが入っている。ではどう違いがあるのだろうか? どこで1500円と1万5000円の差が生まれるのか? 賢い消費者なら当然の素朴な疑問であろう。

それは車にたとえられる。１５０万円のトヨタ・カローラと１５００万円以上はするドイツ車メルセデスベンツの違いだ。１５０万円のカローラは世界のベストセラーカーだし、パワーウインドウにエアバッグ、パワステ、オーディオまですべてついていて、内装もきちんとしており、10年はしっかり走る。申し分ない車である。つまり、１５００万円するベンツとなんら変わらない装備を備えている。違うとすれば、ボディがしっかりしている、足まわりがしっかりしている、エンジンの排気量が違う、というところだろうか。カローラが10年持つとすれば、ベンツは20年、30年と同じ状態で走りつづけることができるだろう。たしかにベンツは１５００万円以上の価値にふさわしいのかもしれない。ところが、１５０万円のカローラの10倍以上の価値を機能性から見出すことができるかどうか。これはいわゆる付加価値であり、ベンツに乗ることによる誇りとか楽しさとかを得ることができるということだ。

化粧品を車にたとえてしまうのはいささか乱暴かもしれないけれど、簡単に言ってしまうと同じようなことなのである。優っているところをいうと、化粧品だと、まずひとつは基材。基材というのは配合成分ではなくて、ローションなら水とかアルコール、油など、基本的な原材料のことをいう。成分表示にある「アルコール」ひとつをとってみても、実はピンからキリまであり、香料もいろいろある。

1500円と1万5000円のローションの違いは、それらの基材のセレクトから始まっている。グレードの高い基材は原価も高い。グレードの高いものは肌への負担も軽く、トラブルもほとんど起こりにくいのである。さらに言うと、配合成分。例えばヒアルロン酸。ヒアルロン酸は配合成分のなかではもっとも保湿力の高い成分で、元は粉体であり、それを液状にして薄めて使用される。同じヒアルロン酸が配合されていると言っても、濃度が違うのだ。粉体を水溶性にし、そのまま使うこともあれば、それをさらに薄めて少量を配合することもある。それでも表示されるときは、どちらもヒアルロン酸ということになる。そしてこの粉体のヒアルロン酸自体にもグレードがある。したがって高価な化粧品にはグレードの高いヒアルロン酸が濃縮された形で配合されているわけだ。

さらには作り方の違い。まず開発に際して、高い化粧品は多くのチェック項目を通過する。法律で決められている項目以外に任意にチェックする項目があって、高価な製品ではできるだけ手間暇をかけ、多くを手がけることによって、その化粧品の効果や安全性を確認していくわけである。安い商品は最低限のチェック項目を製造過程においてクリア、大量生産していくことになる。さらには高価な化粧品はボトルに外箱がついていたり、ボトル自体もガラスびんを使用し、さらにUVカットが施されているものまである。保存を最大限考慮している。安価なものは外箱もないし、プラスティックのびんだ。

これらの違いが、1500円と1万5000円の差に値するかどうかは消費者が決めること。車の例で言えば、事故を起こした場合、そのダメージはカローラとベンツでは歴然の差がある。化粧品の場合も、年配でかなり乾燥した肌の女性は、同じ保湿成分でも、1500円と1万5000円のローションでは明らかに違いがわかるはずだ。だから単に外見だけではなく、その商品にかけるメーカーの情熱のようなものを消費者に感じ取ってもらえれば幸いだと思う。

1万円以上もする化粧品を愛用している顧客は想像以上に多い。彼女らが口々に言うのは、いったん高価なものを使うと下げられない——ということ。とくに化粧品の場合は、毎日じかに肌につけるものだから、効果を求め、安全なものをという考え方で愛用者が絶えないのは事実だ。

医薬部外品は化粧品より効果がある？

医薬部外品（薬用）と一般の化粧品の違いについては簡単に前述したが、ここで改めて説明したい。値段にかかわらず、「医薬部外品」「薬用」と表示された商品が出まわってきていて、売上げも急速に伸びている。医薬部外品、薬用と表示されていないと効果がないのではないかと思う女性もいるくらいである。

医薬部外品と一般化粧品の違いは、簡単に言うなら、一般化粧品では「治す」とうたうことは法的にできないが、医薬部外品の場合は「治す」とははっきり言えないまでも、一般化粧品よりは効果があると表示できる点。当然、ある程度、中身に保障が伴う。

化粧品は「こういう化粧品をつくります」という届出だけで製造販売ができるが、医薬部外品の場合は、処方（作り方）、内容成分、あらゆる臨床データをそろえて、厚生労働省に認可を求めなければならない。そして約8カ月で製造販売の認可が出る。

また、内容的な面から見ると、例えば美白の化粧品の場合、有効成分であるビタミンCや甘草エキスなど、それぞれの有効成分の配合量が何％から何％までと細かく定められている。したがって、医薬部外品と表示されているものは有効成分が、一定の分量、きちんと配合されていて、それだけ効果も期待できるということ。そしてもうひとつ大事なことは、医薬部外品を取得するための配合成分は限られているということ。主に美白、育毛、養毛、消炎を目的とした有効成分が医薬部外品の商品となる。

ここで気をつけたいのが、例えば保湿を目的とした化粧品でも医薬部外品の表示があるものが存在しているということの意味。これは保湿の有効成分として認可を得たのではなく、消炎成分として医薬部外品の認可を得ているというところ。だから、一概に医薬部外品のほうが効果があるとイメージしすぎないこと。そうしてびんの裏に有効成分（薬効成分）「××」と表示されているのは医薬部外品を取るための規定成分だからであり、その下にうるおい成分「〇〇」（例えばコラーゲン）と表示されていれば、こちらのほうが「主」であったり、目的を達するための有効成分だったりすることがある。

次に表示成分にも触れておこう。これは前にも述べたように、人の肌によっては負担やトラブルを起こす可能性のある成分という意味で、表示が義務づけられている。最も有名なものが香料、パラベン（防腐剤）。表示成分が少なければ少ないほど安全というのはたしかである。

保湿成分は生体由来の配合成分を

化粧品の目的で美白を除くと、潤い、保湿を目的としているものがほとんどだ。そして、その配合成分では何がいいかということになる。これは大きく分けて、生体由来の配合成分（ヒアルロン酸、コラーゲン、ムコ多糖類など）と植物性由来の配合成分（ハトムギ、アロエ、シャクヤクエキス、ソウハクヒなどなど）の2つになる。どちらが有効かといえば、生体由来配合成分のほうがより効果的と言えよう。

これは人間が本来肌の真皮層の潤い成分として持っているコラーゲン、エラスチン、ムコ多糖類そのものであり、プラセンターは胎盤《たいばん》エキスのこと。これらの成分は人間に近い他の動物から利用されている。当然、同じ生体なので、人間の肌に対してもなじみやすく効果をもたらしてくれる。

コラーゲンは30年前から配合成分として利用されればじめ、なかでも高価かつ保湿力で群を抜いているのがヒアルロン酸だ。それ以外にも、リバイタリン、キョウセンエキスなどが有名。また最近では、各メーカー独自で数種類の配合成分の組み合わせや新しい配合成分なども出てきている。単価３０００円以上で、それらの保湿成分、配合成分が表示されていれば、まず効果が期待できると思っていいだろう。

一方、植物性由来の配合成分は肌に対して穏やかに作用していく。トラブルのない普通肌に対してはトラブルから守る。また分泌物の多い若い肌にも適している。そしてアロエエキス、ハトムギ（ヨクイニン）、シャクヤクエキス、美白と潤いを兼ね備えたソウハクヒなど、植物性由来の配合成分は数限りなくあり、また消炎効果にもすぐれている。

消炎効果としては、すぐれているのがグリチルリチン酸ジカリウム。これは医薬部外品の認可成分でもあり、消炎効果により、トラブルの起こりやすい肌を整えてくれる。保湿や肌の若返りを願う人は生体由来の配合成分プラス、グリチルリチン酸ジカリウムがあれば最適の商品といえる。今の肌を保湿したり、守りたい女性は、穏やかに作用する植物性由来の配合成分で十分だろう。

基礎化粧品を購入する場合は、パッケージの裏などに記されている潤い成分や配合成分、有効成分の表示をチェックする癖をつけよう。

無香料、無着色、低刺激だったらよいのか？

基礎化粧品のなかで無香料、無着色、低刺激、そしてアレルギーテスト済み、という、いわゆる敏感肌の女性客を対象とした商品が最近多くなってきており、ほとんどこうした表示が定着してきているようだ。敏感肌やトラブルの出やすい肌にも対応できるという設定なのだが、こういう商品と一般化粧品とはどう違うのか？

無香料、無着色などは言葉どおりであり、低刺激という表示がある製品では、原料、素材、保湿成分が、肌に対して刺激の少ないものを選んでつくられているということ。アレルギーテスト済みというのも、言葉どおり、何人ものモニターによってアレルギーのテストを繰り返す。これはひとつの型が決まっていて、クリアするということが義務づけられている。メーカー独自で行なう場合もあるし、専門業者に依頼する場合もある。これをクリアすることでアレルギーテスト済みとようやく表示できるわけである。

ところが、このアレルギーテスト済みと表示された商品は「すべての人にアレルギーが出ないとは限りません」という歯切れの悪い表示が続く。このひと言が物語るように、敏感肌やトラブル肌はどんなに無香料や無着色、低刺激、アレルギーテスト済みの製品を使っても、トラブルが皆無というわけではない。敏感肌やトラブル肌というのは、食事や生活習慣など内的要因が相互にからみあい、関連しあって、その結果、肌の症状としてあわれるものである。だから単に、香料の入っている化粧品を使ったからトラブルが出たとか、保湿成分の強いものを使ったからトラブルが起こったと——そういう例もなくはないが——確定するのは難しい。

とにかく、敏感肌対応のスキンケア製品は、肌に対してトラブルを起こすと想定される原料は一切使わず、使わなくてはならない原料に関してはもっとも低刺激とされるものをセレクトして配合している。だから健康な肌の女性や軽度のトラブル肌の女性が使用しても問題はほとんどないと考えてよい。ところが、化粧品本来の目的である保湿ということになると、制約があるため有効な保湿成分を配合できない。なにしろ有効成分は健康な女性には有効だが、何人かに1人はアレルギー反応となってトラブルを起こすこともあるからだ。このような例はたしかに少ないが、かりに1000人に1人でも、1万人に1人でも出れば、それはトラブルということになる。だから敏感肌用化粧品に有効成分を配合するわけにはいかないのである。配合されているとすれば、低刺激で非常に穏やかなタイプの植物エキス、そして消炎作用のグリチルリチン酸ジカリウムを入れる程度。このあたりであればトラブルを起こすことはほとんどない。こうした程度はあるとはいえ、各メーカーは低刺激の原料を研究開発しており、よりよいものが登場し、「無着色、無香料、アレルギーテスト済み」と表示されていない製品でも低刺激で安心して使用できる。

では、なぜ、香料が使われるのか。化粧品は原料が何種類も使われており、それら一つひとつの原料には水以外はほとんど独自の匂いというものがある（ついている）。そしてヒアルロン酸やコラーゲンといった生体由来の配合成分は独特の匂いがあって、無香料で製造したら、原料臭がして、とても臭い製品になってしまう。

今から30年前、フランスのある高級化粧品メーカーが無香料の製品を売り出した。だが、その製品の原料臭はすさまじく、化粧品とはかけ離れた匂いだった。それでもヨーロッパでは人気があって売れたというエピソードがある。

無香料の表示はなくても、製品自体にほとんど匂いのないものもある。原料臭を消すために香料を入れて、マスキングという作業によって匂いをなくした商品というわけだ。という次第で、有効な保湿成分を使っている製品では、無香料という表示がなかなかできないのである。

20年ほど前、私がまだセールスで各化粧品店をまわっていたとき、こんな話があった。ある化粧品店のお客のお嬢さんが敏感肌でとても悩んでいた。その女性はトラブルが出るのを防ぐために、定期的にステロイド系の皮膚薬を使っていた。ステロイド系の皮膚薬というのは人工的につくられた副腎《ふくじん》皮質《ひしつ》ホルモンを肌に塗りつけてトラブルを防ぐもので、実際、この薬をつけるとどんなトラブル肌もすぐさまきれいになってしまい、ツルツル肌になるのである。ところが、この薬を使わないとまたすぐにトラブルが出てしまうし、また副作用によってトラブルも増長していく。このようなステロイド系の皮膚薬を使っている女性は、敏感肌でもかなり重度の部類であろう。彼女はあらゆるメーカーの低刺激とうたわれている商品を試してみたものの、これぞと思う商品に出会わなかった。だからどうしてもステロイド系の薬に頼らざるを得なかったのだ。

ところがある日、たまたま手に入れたあるメーカーのサンプルを使ってみて、肌が安定したという。もちろんサンプルだったので、その商品がどんな成分の商品なのかはわからなかった。彼女はその商品を購入し、愛用するようになった。するといつのまにか肌の状態がよくなってきて、皮膚薬を塗布しなくても、きちんとメイクまでできるようになっていった、という話である。彼女が使った商品は、無香料、無着色、低刺激、アレルギーテスト済みと表示された商品ではなかったのである。香料もしっかり入っていたし、保湿成分ヒアルロン酸、コラーゲン、エラスチン、ムコ多糖類という生体由来の配合成分も入っていた。このスキンケアはこのメーカーではとても高価なラインで、ナイトクリームが3万円、ローションでも1万8000円という、とてつもない高価格の商品だった。彼女は高級化粧品とは知らずにサンプルを使ってみたわけだが、彼女の肌にとってはこれらの生体由来成分が有効だったわけである。

彼女は20歳前後だったが、何かの原因で肌本来の代謝機能が非常に衰えていたのではないかと推測される。肌の新陳代謝が保てず、角化《かくか》作用も滞《とどこお》り、つねに超乾燥肌状態になって、何を使っても満足できるものがなかったらしい。その後、違うメーカーの朝鮮人参エキス配合の基礎化粧品も彼女の肌に合っていたという後日談もある。2つの商品は20歳前後の健康な女性が使うと保湿成分が過剰となり、かえって赤いブツブツが出たり、トラブルを起こすこともあり得るものだ。肌に衰えを感じ、疲れやくすみを取り除き、回復を目的とした年配向きの商品である。それなのに、彼女の肌にはドンピシャに合っていたということなのである。

というように、化粧品とトラブル肌、敏感肌との関係というのは実際はなかなか難しい。その女性の肌がどういう原因で、またどういう状態でトラブルを起こしているのかを解明するのも難しいし、かならずしも化粧品が絶対よくないとも言いきれない。そしてとくに幼児のころから肌にトラブルをかかえている人は、先入観で化粧品の選び方も難しくなってくる。これは本書でも繰り返し述べてきたように、肌のトラブルは内的要因、生活習慣、食事習慣によるところがほとんどなので、この改善をせずに化粧品だけでトラブルを治そうということは困難だと考えてほしい。先例でも書いたように、ステロイド系の皮膚薬をつけていた人でも、その人の体が基本的に健康であれば肌に合う化粧品と出会うこともあるのだし、敏感肌イコール無香料、無着色……とばかり一律に言えないわけなのだ。

最後に、障害をお持ちの女性へ向けて

私は10年ほど前から徐々に目が不自由になり、3年ほど前、ついに盲人となってしまった。そのため、勤めていた化粧品会社を退社し、盲人としての訓練を受けるためにリハビリテーションセンターへ通うことになった。

今まで目が見えていた人間が中途から目が見えなくなると、どうしてもそれを認めたくないために、なかなか訓練センターへは出向かないものなのだが、盲人となってしまった今は、視覚障害者としての訓練を受けなければ日常生活も覚束《おぼつか》なくなる。その訓練センターには、視覚障害者としての生活訓練や点字、感覚訓練、そして白杖を持って街を歩く訓練など、ありとあらゆるリハビリテーションがそろっている。

私がそこへ通っていたときのこと。生まれながらの視覚障害者や私のような中途視覚障害者の世界でも、女性は元気があって、男性はいくぶん元気がなかったように記憶している。そのなかでも60歳を少しすぎた女性が1時間半の道のりを、白い杖1本で通ってくる姿があった。その女性の目はすでに光しかとらえることができず、ほとんど全盲に近い状態であった。ところが彼女は――あとで聞いた話だが――実にきれいなメイクをしていて、いつもきれいな洋服をステキに着こなしていた。私はその話を聞いて、彼女に尋ねた。すると彼女は、40歳ごろからだんだん見えなくなり、10年ほど前に光しか見えない状態になってしまったと語ってくれた。だから自分が見えていたときの記憶をたどって、鏡に目を近づけ、感覚と残されたわずかな視力で、口紅をさしていく。彼女のメイクとヘアは実に見事に仕上がっていた。彼女は訓練センターで半年の訓練を受けた後、自治体の視覚障害者の会の副会長になったそうだ。そしてとても活躍していると聞いている。

また私の隣りの市には聾唖《ろうあ》学校があって、若い女生徒をよく見かける。なぜかその聾唖学校では若い女性の生徒が多く、そのすべてがとても活発で、やはりメイクもヘアも服装もきちんとしている。一見、聾唖という障害を持っている人たちには見えないものの、路上で手話で話しているのですぐにわかるわけだが、気がつくのは、障害者のなかでも聾唖者の人たちは、健常者よりもとてもオシャレで、メイクも上手だということである。

世の中には障害を持った女性が数多くいる。そして、中途で障害者になった人と、生まれながらにして障害を持っている人とは、同じ障害者でも生き方の違いがあると思う。障害者の人たちは自分の家に閉じこもりがちになり、外に出るのが億劫になる。とくに中途で障害者になった人は、自分に障害があることをどこかで恥じている。そのため、なかなか外に出ようとしないフシもある。また生まれながらに障害を持っている人は、健常者よりも行動範囲がどうしても狭まってくる。

女性が美しくあるということは、本書でも書いているように、容姿や見た目だけのものではない。心と体のトータルバランスがあって、その人の生き方そのものが美しいかどうかが判断基準になるわけだ。だからこそ、女性でも男性でも、障害を持っている人は残された自分の体の部分、残された機能を十分に生かして、障害のある部分を埋め、健常者に負けない心と体の健やかな美しさを獲得することができるはずだ。

例えば、聾唖の女性たちは視覚による情報だけで上手にメイクをしていく。残された「見る」という機能が研《と》ぎ澄《す》まされていくのだ。視覚障害者は耳が研ぎ澄まされ、記憶力がよくなる。メモを取ることすらできないので、自然と記憶するようになるのだ。下半身が不自由で車椅子で生活している人は、両腕が足の代わりになる。こうして、残された体の部分や機能をトレーニングし、生かすことで、健常者と同じように生活できるようになってくるのだ。

障害者の人も健常者に負けない美しさを獲得するために、もっと積極的に生きていくことをすすめたい。かりに下半身が不自由でも、両手を使って肌の手入れをすることができる。目が見えなくても、口紅をつけることはできる。資生堂では20年以上前から、視覚障害者のためのメイクアップ教室を開催しているくらいである。他のメーカーでもこれからますますカルチャースクールがひろがっていくことだろう。

障害を持った女性が街へ出るということは、車椅子にしろ、白杖にしろ、健常者から見ればどうしても目立つ存在になる。どうせ目立つのであれば、ここで視点を変えて、誰にも負けない美しいメイクで、ヘアスタイルで、着こなしで、おしゃれして街へ出てはどうだろうか。そう考えれば、街へ出かけるのも楽しみのひとつになってくるはずだ。そして、前に述べたように、女性が顔のマッサージやメイクをするということは、脳や神経、ホルモンの働きをよくすることなのであり、最後にそのことを強調しておきたい。

障害を持った人がまず心と体を磨く第一歩は、街に出て、行動すること。障害を持っているからといって家のなかでじっとしていることはないし、それでは第一美しくない。できるだけ自分ひとりで街へ出てみること。そして残された機能と器官で健常者たちに負けない美しさを持とうではないか。

繰り返すようだが、健常者でも障害者でも美しさの基準というのは、いかに一所懸命、いかにポジティヴに生きているかで決まる。この世に女性として生まれたのに美しくなることを拒否した人、逆説的に言い換えれば、体だけを一所懸命磨いても、心を磨くことを知らない人でもある。

女性はどんな人でも限りなく美しくなれる。心と体を自分の努力で磨き遂げていくこと。世の中は自分一人で生きているのではなくて、「社会のなかの自分」として美しく生きること。さあ、美しくなって、街へ出よう！

◎著者について

藤原 光平（ふじわら こうへい）
1949年神奈川県生まれ。1971年、ハリウッド化粧品入社。マーケティング、美容教育、商品開発等の各セクションを担当。プロデュースした新製品はメイク、スキンケア、ボディケア、ヘア・フレグランスまで100品目。そのなかにはまつ毛の美容液としてヒットした「ラッシュセラム」も含まれる。1998年同社退社。現在は鍼灸師、美容・健康ライターとして雑誌等で活躍中。

もっともっと
キレイになれるよ

◎著者
藤原光平《ふじわらこうへい》

◎発行
初版第1刷　2002年3月20日

◎発行者
田中亮介

◎発行所
株式会社 成甲書房

郵便番号101-0064
東京都千代田区猿楽町2-2-5
振替00160-9-85784
電話 03(3295)1687
E-MAIL mail@seikoshobo.co.jp
URL http://www.seikoshobo.co.jp

◎印刷・製本
中央精版印刷株式会社

ISBN4-88086-129-4

定価はカバーに表示してあります。
乱丁・落丁がございましたら、
お手数ですが小社までお送りください。
送料小社負担にてお取り替えいたします。

ココロの救急箱

大原敬子

頭痛に腹痛、切り傷、すり傷……どんな家庭にも救急箱があります。からだの痛みは薬で治せるけれど、「心の痛み」はどうしたらよいのでしょうか。ニッポン放送「人生相談」回答者を長年務めた著者による温かい処方箋——既刊

四六判上製　定価：本体1200円（税別）

ご注文は書店へ、直接小社Webでも承り

成甲書房